바람결에 나의 체취體臭 흩날리고

- 시를 닮은 수필, 수필 닮은 시 -

석청 정대요 지음

홍익출판사

자서自序
- 지혜로운 삶의 잠언箴言 -

분망한 삶의 일상日常에서 시 읽기를 좋아하고 또 암송은 좋아하는 편이지만, 비교적 시를 본격적으로 써본 적이 없다는 것은 솔직한 고백이다. 굳이 시적 변명辨明은 아닐지라도 시적 형상화 작업을 그 나름으로 아주 특별한 능력이 있는 사람들의 전문 영역이라 여겨온 까닭에 자신에 견주어 평범한 사람은 비록 의욕이 강하여도 감히 시적 작위作爲에 도전할 수 없는 즉 문외한門外漢이라 오랜 날 자인自認하여 왔음은 솔직한 심사心事다.

이와 같은 맥락에서 시적 중량감重量感이 실린 수준급의 시집을 묶어 보겠다는 지나친 욕심은 아니더라도, 소소한 삶의 일상에서 지나쳐온 세월을 뒤돌아보며 스쳐 가는 생각이나 느낌, 그리고 상상력을 수필을 쓰듯 그렇게 서책書冊으로 생각하고 삶의 여적餘滴을 남겨 보리라는 것이 솔직한 심회心懷이기에, 부끄러운 저의 시편을 접하는 충직한 독자들이 따뜻한 분별력으로 공감해 주신다면, '언감생심焉敢生心' 더없이 고맙고 지극히 감사할 밖에 없다.

차제에 이 글을 쓰면서 더없이 유의미한 일은 강물처럼 덧없이 흐르는 세월이라 혹여 지워질 듯 사라지는 위기에 처한 옛 추억이나 사념思念을 살아있는 기억으로 편입시켜, 과거의 나와 현재의 나를 이어주는 계기가 되었음은 신선한 충격이라 짐짓 지켜볼 일이다. 그렇다. 적나라赤裸裸한 자아의 진면목眞面目을 용기 있게 주위의 누군가에게 펼쳐 보이고, 또 한편 다소 부끄러움도 감출 수 없을지라도 '세상은 아는 만큼 보인다는 삶의 교시敎示'에 맞물린 화자persona 그 자신의 표현능력이 일천日淺함을 가늠하고 있기에 정신 작업에 종사하는 각별한 문우文友의 응시凝視와 두터운 사랑으로 혜량惠諒하여 주시기를 끝내 소망할 따름이다.

봄 햇살 빛나는 창가에서,
석청 정 대 요 드림

목차

제3부 아득한 정신풍경과 묵언의 응시

제4부 시인의 소임과 자아성찰

제 1 부

시적 정감과 따뜻한 영혼의 울림

외돌개

서귀포의 명승 외돌개는 파도의 침식으로
내륙으로 물러난 이채로운 단애斷崖의
그 무너진 바윗돌은 해안 멀리 밀려나
파도 이겨낸 튼실한 석총石塚은
저토록 신비롭게 수면에 솟아있다

석가탑 높이의 돌탑 어떤 사람이 깎아 세운 듯
위아래 좌우 폭이 같고 정상의 관목은 푸르고
탑 중허리쯤 키 큰 풀들이 바람에 흔들리며
오가는 사람의 시선視線 사로잡는다

돌탑 아래 호수 같은 물빛은 비취색을 발하고
멀어지면 에메랄드색, 더 멀어지면 쪽빛으로,
못내 멀어지면 옥담玉潭으로 바뀌니
세상에서 제일가는 풍광이 끝내 여기다

흔들리는 솔가지 사이 머뭇머뭇 보이는데
진초록의 바닷물 기단基壇으로 버티고
육중한 돌탑을 그 위에 쌓아 올렸다
석가탑 다보탑은 사람이 만들고
외돌개 돌탑은 창조주의 최고 걸작이다

복수초

눈 속에 피는 복수초 노란 꽃,
눈 덮인 산야에 홀로 피어 외로운 꽃

꽃말은 영원한 행복이라
예쁜 자태도 족한데 꽃말도 예쁘다

말 못 할 사연 있는가?
소식 전할 벌 나비 없는 이른 봄인데

땅속 어두움이 답답했는가?
밝고 따스한 태양 그리웠는가?

그대들의 역할을 인간들은 알고 있다
봄소식 최초로 알리는 예쁜 전령사임을

노란 장미의 변모變貌

오랜 기다림 끝에 밤새 내린 봄비
뜨락 모서리에 심어둔 장미 한 송이
혹시나 밤 동안 피었을까?
가느다란 기대가 헛되지는
않았는지 조바심이 가득한데

꽃망울에 빗물이 조롱조롱 맺힌 장미
다가갈수록 햇살에 반사된 꽃망울
망울마다 무지개 색조色調 반사하고
더 가까이 가면 반사색 달라지고

자세히 응시凝視하면 밤새 내린 빗방울이
중력을 거슬리게 수평으로 매달려
바람결 힘겨워 좌우로 흔들리며
영롱한 색에 더해 춤추는 물방울

며칠 후 단비에 조금씩 피어난 장미꽃,
활짝 핀 장미보다 수줍음 넘치는 신비로움
꽃잎 속 깊은 곳은 비밀 공간 같은 은밀함에
간혹 에메랄드 색깔 아롱거리는 예쁜 자태

산새

오늘은 날씨도 음산하고 추운데
전선 줄에 크고 작은 새가 적당한
거리 두고 또 그렇게 앉아 있다

산마을에 중요한 일이 생겼는가?
알아듣지 못할 지저귐 오가고
참새, 박새, 곤줄박이가
앞뒤로 까딱거리며 대화하는 듯
참 대단한 녀석들이다

만물의 영장이라 자칭하는 사람은
밖에 서 있는 것조차 견디기 힘든 추위
이런 추위는 아무렇지 않은 모양이고,
지난여름 입었던 털옷은
까닭 모를 사계절 전용全用인가?

양말도 없이 차가운 전선 위에
곡예를 하듯 앞뒤 흔들며 차분하다
솜털 같은 하얀 구름 그리웠나?
따뜻함을 안겨주는 그 흰 구름 없어
그냥 서로 간 지저귀며 쉬고 있다

돈내코 골짜기

서귀포시의 돈내코 골짜기
제주에 암반 균열이 많아 빗물이
땅속으로 스며들기에 대부분 건천으로
물 흐르는 개울 보기가 힘들다

제주에서 유일하게 다량의 계곡 수가
흐르는 곳 돈내코 골짜기 계곡 천,
하천 규모는 지리산 뱀사골과 비슷해도
뱀사골보다 하천 폭 약간 좁은 편이다

입구에서 조금만 들어가면 원앙폭포
높이 5m에서 떨어지는 폭포수를 전신으로
맞으면 관절통과 신경통 사라진다고 해서
또 그렇게 교대로 물 폭포를 맞는다

백중날 폭포수를 맞으면 효과가 제일 좋다는
소문에 이날은 줄 서서 대기하는데
육지 손님은 물맞이 관심 없고 폭포 밑
연초록의 웅덩이에 못내 신선한 감동이다

짙은 연초록 웅덩이와 양쪽에 빽빽이 들어선
난대림 잎새의 반짝거림이 너무 예쁘고,
살랑대는 바람에 잎새는 햇볕을 반사해
양쪽 언덕 숲 반짝반짝 손짓하며 반긴다

사계절四季節

사계절은 어김없이 찾아서 온다
봄은 계절의 왕자답게 만물 소생시키고
새움 돋아날 때 조물주의 영험한 능력에
감사하는 마음으로 봄맞이한다

찾아온 봄 반기며 헝클어진 마음도
새 희망 새 설계로 마음 다잡는다
묵은때를 벗기듯 지난날을 후회하며
마음의 텃밭 일궈 본다

지금까지 봄은 한번이 아니고
나이만큼 어김없이 찾아왔지만,
예쁘고 참신한 그 아름다움은
세월 흐를수록 새롭게 다가오네

성산 일출봉

동해東海가 장작불에 끓어오르는 듯
부풀어 오르는 동쪽 바다 끝자락
반쪽으로 솟아오르는 일출日出이다

하늘까지 황금색으로 채색하고
지나는 구름까지 황금색이네
주위를 둘러싼 사람들 얼굴에도
황금색으로 칠해 버렸네

둥실 떠오른 태양에 새가 지나가고
하늘과 바다가 자색으로 바뀌니
이백의 시구詩句가 다가오는 듯
"해가 뜨니 향로봉에 자색 안개 어리고"
태양이 떠오르니 황금색에서 자색으로
바뀌니 포근하고 아름다워라

* 이백(李白) : 중국 당나라 시인, 〈망여산폭포(望廬山瀑布)〉를 지었음.
"일조향로생자연(日照香爐生紫煙)" 해가 뜨니 향로봉에 자색 안개 어리고.

화마火魔

수일 전 후배의 가게에 큰불이 발화하여
모든 것이 잿더미로 변했다는
모임회장의 다급한 비보를 들었다

지인들의 정기 모임이 열리는 지정 장소로
가게 곳곳에 추억이 배어있는 휴식 공간
화마火魔는 사람을 가리지 않는구나
후배는 지극선至極善한 마음의 소유자였는데

삶의 터전 한순간에 뭉개진 절망의 공포,
한동안 망설이다 모임회장에게 연락하여
미력하지만 우리 모두의 성의를 담아
재기의 힘을 전달하자고 제안하고,
회원의 마음 담은 정성을 전하기 위해
그 참혹한 화재 현장을 찾아갔는데,
후배의 머리카락에 산새가 다녀갔는지?
온 머리가 뒤웅박으로 변해버렸다

잿더미만 멍하니 바라보는 후배의 아내
다소곳한 형상 간혹 허공에 눈길이 닿으며
무언가 생각에 잠기듯 "재기의 얇은 희망이라도
찾아서 올까?" 안주인의 속마음 헤아려 본다

자미탄紫薇灘

광주천의 옛 지명은 자미탄紫薇灘
이름이 멋지다. 배롱나무가 있는 여울,
자미화紫薇花가 활짝 피어있는 자미탄
주위에 유명한 정자가 줄지어 있다

소쇄원 식영정 송강정 제월당 광풍각
시인 묵객이 모여들어 시 문답을 하던 곳,
찾아오는 손님을 편하게 맞이하여
잠시 자연과 함께 쉬면서 온몸으로
시상詩想을 받아 가는 곳이다

무등산에서 발원하는 계곡 천이 담양을
경유하여 자미탄을 이루고 광주를 지나면서
주위 일대의 수려한 경관이 끝내
시문학의 중심지로 태동胎動시킨 공간

아래쪽에 가사문학관이 있어 송강 정철의
가사 문학 해설을 직접 들을 수 있어,
선인의 시격詩格을 분별하는 귀한 체험에
문예 해설사의 〈사미인곡〉, 〈속미인곡〉 낭송은
전율戰慄로 잠시 심장의 고동 멈추게 한다

하얀 장미白薔薇

첫눈 온 지는 7일째다
찬 바람도 불어오고 밤 기온 차가운데
홍도화 옆 언덕 밑에 만개한 흰장미 한 송이
절기를 잘못 읽어 착각한 것일까?

이상기후로 생체리듬에 이상이 찾아왔나?
여름비가 시시각각 밤낮으로 대지 적시더니
제주행 여객기에서 내려다본 황금 들녘은
벼멸구의 소행으로 모자이크로 바뀌었다

정원의 백장미 초하初夏에 몽우리 채 마르고
피었다가 시들기 반복하기에 병으로 알았는데,
놀라워라, 입동 절기 지난 지 한참 후
몽우리 5개 중 하나, 만개하여 신선한 충격이다

* 벼멸구 모자이크 : 향우회 주관 제주행 가을 여행 중 하늘에서
내려다본 황금 들녘의 벼멸구 피해 현장

손녀의 체온

푸른 느티나무의 그늘 밑
낡은 플라스틱 의자에 앉아
손주들 뛰노는 모습을 바라보니
세상 시름도 끝내 또 잊히고

갑자기 손녀가 할비 의자에
뛰어올라 덥석 안기더니
고사리 같은 꼬막손으로
할비 뺨 어루만진다

따뜻한 체온은 온몸으로 퍼지며
포근한 행복감이 밀려오고
한순간 심란한 세상사를
잠시나마 잊어보게 한다

서울행 전송을 위해 기차역 가는 길
"할미는 왜 안 가! 할미를 왜 혼자 남겨두는 거야."
꼬맹이의 넘치는 정감 지금도 새록새록이다

* 할비, 할미(손녀의 표현) : 할비는 할아버지, 할미는 할머니

손주 온다는 소식에

몇 달째 불면증에 시달린 아내
핼쑥한 얼굴에 어지럼증도 따라오고
손주가 좋아하는 먹거리를 찾느라
몇 일째 지하층 마트 찾아가기 여러 차례

아침부터 마른기침 쉼 없이 나오고
예전에는 어린이 놀이터에서 함께 뛰고
구르며 반나절을 다 보냈는데
이번에는 기침에 어지럼증 함께 할 수 있을까?

전화해서 다음으로 미루고 못 오게 하자는 제안에
"애들 보면 생기가 살아날지 모른다고"
손주 오는 날이 가까워지자 더 심해진 기침
우려와 기대감에 오늘도 하루해가 저물다

수십 년 전 객지에서 자식들이 온다는 소식에
십 리나 떨어진 시장에 여러 차례 다녀오셨다는 어머니
우려 섞인 아버지의 뒷이야기가 귓전에 들리는 듯
자식 손주 사랑이 무량무변無量無邊이라든가?

* 무량무변(無量無邊) : 헤아릴 수 없고 끝도 없이 많음.

손주의 선물

동대구역에서 손주를 맞이하여
주차장에 대기한 차에 모시고
현관 앞 엘리베이터 문이 열리자
두 팔 벌려 반갑게 맞이하는 할미

할미 손 끌어당기는 손주들의 꼬막손들
쉴 틈도 없이 손주와 동행하여
지하층 마트에 장난감 사러 가고
어지럼증에 기침에 마른기침도 사라진 할미

소란한 소리에 문 쪽을 지켜보니
손에 손에 한 아름씩 부여안고 들어서서
밧데리 끼워달라 큰소리로 졸라대고
엔진소리 윙윙대며 온 집안을 날아다니고
꼬마 드론이 늦은 밤까지 매미 소리 한창이다

다음 날 아침 식사 후 부서진 날개 찾느라 분주한데
기차에서 먹으라고 작은 주머니 큰 주머니에
할미의 정성이 가득 담겨
작별 인사 잊었는지 장난감 확인하기에 바쁘다

손주 보는 것만으로 손주들의 선물인 듯
생기가 살아난 듯 할미의 미소 가득하다

민들레의 배신

민들레의 약효가 면역력 증진에 좋다기에
뿌리 흙 붙은 채로 양지바른 텃밭에 정성 쏟아
심었지만 3년째는 잡풀에 짓눌려서 일조량이
줄어선지 흔적 없이 사라지고 말았다

머위밭 부추밭 사이사이에 활짝 피어난 민들레꽃
짬이 생길 때마다 잡풀을 뽑아주어 튼실하게
자라나 잎새는 싱싱하게 햇빛 발산하고
노랑꽃 하얀 꽃 사이좋게 어깨를 맞대는데

귀하신 몸이라 김매기 작업에 열외로 인정하고
밑거름도 잔뜩 뿌려 성장을 도우니,
피워낸 민들레꽃 어느 날 동그란 꽃씨 주머니
활짝 피어있다가 바람에 사라지다

자력으로 좋은 땅 찾을 수 없을 텐데 심은 정성
마다하고 어찌하여 정착할 장소를 정확히 아는지
잔디밭 키 큰 풀 속도로 옆 콘크리트 틈새 가리지 않고
잎새 크고 예쁘게 피어나는지 알다가도 모를 일이다
민들레 홀씨는 사람의 손길 거부하는 습성이다

몽돌의 긴 여정

몽돌은 자갈이나 바위가 물의 힘에 못 이겨
또 구르면서 깨어지기도 하여
표면이 부드럽게 연마된 강돌이다

그 강돌이 냇가나 강가가 아닌 산 능선에도
강에서 멀리 떨어진 내륙지방서도
간혹 발견되기도 한다

태백산맥의 중턱 봉화 물야면, 소천면 산 중턱,
대구시 북구 팔달동 야산, 전북 진안군 마이산
등에서 발견되어 생성 당시의 환경 짐작하건대
참으로 긴 여정을 우리에게 알려준다

태초에 자갈, 모래, 몽돌 등이 섞여서
상부에 무거운 퇴적물이 쌓여서 높은 압력과
칼슘 성분도 가미되면 긴 세월 흐른 후,
자갈돌礫岩이 생성된다고 알려져 있다

그 자갈돌이 강가에서 산 정상과 내륙으로
옮겨진 것이 아니라 지각변동으로 강이 산으로
변하여 긴 세월 흐른 후에 산에 남겨지기도 하고
내륙이나 강가에서 발견되기도 한다

굴 껍질

고향 뒷산 와룡산 기슭에 진바위, 왕바위
들바위, 굴뚝 먼당 등 큰 암석이 많다
산허리에 소고삐 풀어 자유롭게 풀 먹이는 곳,
황혼 녘 아이들과 집소를 찾기 위해 산에 오른다

왕바위 부근 바윗돌에 굴 껍질이 붙어 있네
굴은 원래 바다에서 살아가는 생물인데,
어찌 이곳 바윗돌에 붙어 있는지 궁금하다
산에 오를 때마다 굴 껍질 다시 보고 확인하고

십수 년 세월 흘러 굴 껍질 잊은 지 오래인데
주자어류라는 책 속에 그 답을 찾았다
주자(주희)가 제자들과 함께 학당 뒷산에 올라
시문 답을 하고 주위를 주시한다

아이들아! 예 와서 여기를 보아라
이곳은 바다와 멀리 떨어진 외진 곳인데
바위에 굴 껍질이 붙어 있으니 옛적에
여기가 바다였음이 틀림없다

히말라야 높은 산도 굴 껍질이 있다니
땅이 어떤 힘에 밀려서 솟아오른 것 같네
그곳도 태초에 바닷속에 잠겨 있었던가?
참 신비로운 현상이다

* 주자어류 : 중국 남송 때 주희가 여러 문하생과 대화한 어록을 편집한 책. 주자는 후세의 존칭
* 가라앉은 도시 : 일본 요나구니, 아드리아해의 솔리네(soline). 이집트 헤라 클리온
* 해저 이동 : 히말라야
* 화산 폭발 : 하와이, 제주도, 울릉도

제 2 부

빛나는 차별성과 심미적 개아個我

첫추위

추위도 매서운데
바람도 거세네
지난해도 이 정도였던가?

남겨둔 작은 무잎이 힘없이
땅에 맞닿아 누워 버렸네
싱싱한 어제 모습을
과거 흔적으로 남긴 채

처음부터 버렸는가?
삶의 애착을
그냥 그 자리에 그대로
생기를 다 보내고
가꾼 사람의 손길에 맞긴 채

여름 동안 비축한 그 에너지
다시 태어날 새 순筍에게
밑거름으로 사용되기 소망하는
진정眞情한 그 마음 뒤에
온몸으로 보답하는 정, 놀라워라

가창 댐

가창 댐은 대구에서 제일 큰 저수지,
비슬산의 이 골물, 저 골물 흘러내린 여울을
가창면 용계동에 둑 쌓아 저수貯水한 인공호수로
수성구 일대 상수원으로 큰 몫 다하고 있다

한때는 전국적인 가뭄으로 저수량이 바닥난 채
잡풀이 번성하여 푸른 목장을 연상시키기도 했는데,
큰 태풍 지난 후 황토색에 온갖 쓰레기가 섬 이루어
먹지 못할 물이라고 낙심할 밖에 없다

당국의 빠른 수거로 쓰레기는 수거되었지만
수면은 여전히 황토색으로 걱정이 쌓이는데,
어느 아침에 안개가 걷히니 푸른색이 살아나
당국의 정수처리 후 수질검사 결과는 합격이란다

비슬산 중턱에 맥반석이 분포하여 시간이 경과하면
정화작용과 살균작용으로 음료수로는 으뜸이라고
가창 댐 옆길을 지나면서 만수萬水된 수면을 바라보면
마음이 넉넉해지고 안정감을 안겨주니 신의 선물인가

아, 춥다 추워

헐티재 주차장에 차를 세우고
겨울 경치는 어떤지 궁금하여
차 밖에 나와 보니 매서운 추위에
거센 바람까지 휘몰아쳐
차 속으로 그냥 들어갈까?

겨울 경치 감상은 멀리 가고 여러 단상斷想이
이어지는데 석기시대의 선조들 존경스럽다
이런 추위 아니 이보다 훨씬 추운 날씨에
어떻게 굴속에서 겨울을 났을까?
갓난아기도 있었을 텐데

아이의 이유식은 무엇으로 준비했을까?
오직 사냥으로만 먹거리를 구했을 뿐
씨 뿌려 가꾸어 추수하는 농법도 모르고,
머루, 다래, 도토리를 햇볕에 말려
돌 바위 맷돌에 갈아 물과 함께 먹였을까?

산모의 산후조리는 또 어떻게 준비했을까?
그런 호사스런 생각 상상에서도 제외됐을 것
산짐승 털가죽으로 보온을 유지하고,
말린 가죽으로 물그릇을 만들어 계곡물을
길어다 가족에게 먹였을 것을 생각하면
지금 이 세상은 못내 천국이다

* 헐티재 : 대구 가창면과 청도 각북면을 이어주는 비슬산 산능(山陵)
* 단상(斷想) : 가끔 떠오르는 단편적인 생각

썰매를 타고
– 옛 추억

어릴 때 추위는 지금보다 더 추웠다
겨울철에는 시골 개천이 밤새 또 얼어
부피가 매일 불어나니 썰매장에 제격이다

각목 밑에 굵은 철사를 외선로 앞뒤로 못 박아
발 받침으로 송판을 덧대면 썰매가 완성
손잡이 집게는 썰매를 끌어줄 가속기다

몇 번 타고나면 등은 땀인데 발은 시리고
동네 아이들이 모여들어 썰매장은 좁아진다
"야! 들 땀 논에 가서 타자"는 제안에
들 땀 넓디넓은 물논水畓은 최고의 썰매장
먼저 온 아이들이 쌩쌩 달리며
나도 빠른 행동으로 준비하여 썰매를 탄다

빠른 속도에 기분이 너무 좋아 시간 가는 줄 모른다
조용하고 한적한 곳으로 이동하여 혼자 즐기며
아뿔싸! 얼음이 깨어져 앉은 채로 빠져 버렸다

엉덩이까지 젖어버리고,
먼저 빠진 애들이 불 피워 옷 말리다
나도 엄마에게 혼날까 봐 신발 양말까지
엉덩이 말리는 데 온종일 걸려버렸다

고모님의 소천召天

고모님이 별세하셨다는 소식에
깜짝 놀랐다. TV 아침뉴스 보시다
소파에 기대 누우신 채로

어려운 살림에 딸 여덟을 낳으시고
아들을 낳기 위해 열 달을 고생하시다
아홉 번째 아들을 출산했다
매번 그랬듯이 이번에도 물으셨다

"무언가?" 출산 때마다 같은 질문은
신생아가 아들인가 딸인가 묻는 말이다
딸이라 하면 돌아누워 오열하신 고모님
"이번에는 아들입니다"는 그 대답에
"아휴! 아들이라고?" 또 흐느낀다

아들 얻으려고 평생을 다 보내신 고모님!
잘 키워 좋은 직장 다니는 아들 여기 있는데
뭐가 그렇게 급했는지 TV도 안 끄시고
그렇게 두 눈 꼭 감으셨다
세상에서 남들이 부러워할 제일 편한 소천召天
가시는 그곳에서 편히 쉬십시오. 고생만 하신 고모님!

때죽나무

때죽나무 그 이름도 정겹다
줄기는 매끈매끈, 잎은 반짝반짝
꽃은 청순한 소녀의 귀여운 형상形像
꽃자루가 길어 미풍에도 하늘하늘

시간 흐른 뒤 꽃잎도 예쁘다
나비가 살포시 내려앉듯
바람 잔잔한 날 함박눈이 날리듯
동그라미 그리듯 뱅그르르 돌다 또 멈칫

은빛 털이 뒤덮은 열매도 알차다
꽃이 지고 홀로 남은 기다란 잎자루에
열매 맺어 앙증맞은 그 자태 빛남이다
더 길어진 잎자루에 은빛 열매 매어 달고
미풍에 흔들리는 공주님 방 은구슬 주렴珠簾

입동 지나 줄기 앙상한 잔가지가 흔들리다
지나간 바람은 차가운 쇳소리 남기고
지난봄 기쁨 주던 예쁜 모습 한껏 아쉬워
내년 봄의 가슴 부푼 기대감 밑거름 담뿍 주어 볼거나

* 은구슬 주렴(珠簾) : 은구슬을 꿰어 만들 발(가리개, 커튼)

큰손녀의 미소

엄마 등에 업혀서
이리저리 고개 돌리고
무엇을 찾는 귀여운 형상形像이다

밀짚모자 깊이 눌러쓰고
잡풀 뽑다 다가가서,
손바닥 두 번 치고
팔 벌려 안으려 하니

고개를 돌려 버린다
이쪽도 반대쪽도
할비의 시도는 헛일이 되고
아! 이 모자 탓인가?

모자 벗고 두 팔 벌리니
방긋 웃으며 엄마 등에서 안겨 온다
처음 보는 큰 챙의 밀짚모자
그렇게도 무서웠냐?

첫째의 유치원 졸업

내일은 유치원 졸업식이다
직장 회식을 반납하고
가벼운 마음으로 집으로 가는 길
집 가까이 가는데
동네 아이들 숨바꼭질하는지
이리저리 뛰어 골목 시끄럽다

이때 첫째 아이의 목소리가 들린다
"얘들아! 우리 아빠다. 우리 아빠라고"
아니 아빠를 소개하는가?
다른 아이는 아빠가 없는가?
직장 탓에 주말에만 보는지 모를 일이다

다음날 아이 엄마와 함께 걸어 간 유치원
유치원 입구 직원들이 출석 기록을 마치고
잠시 묵언默言의 응시다

"일등 부모님입니다"
정해진 시각에 도착하는 부모님에게
원장 표창장이 결정되었다고 알려준다
아, 이런 행운 찾아오다니!

데크에 앉아 여여如如하다

햇살 좋은 어느 아침
데크에 혼자 앉아
먼 산 바라보며 산멍에 잠겨본다

가까운 곳에 햇빛 받아 반짝이는 호수
더 먼 산은 삼각봉筆峰이 보이고
같은 능선 왼쪽 산도 삼각봉이다

고개 돌려 오른쪽을 바라보니
비슬산 자락 대견사지 앞산,
산 정상은 뾰족하고 경사가 급하며
이 산도 삼각봉이다

뒤쪽이 어떤지 궁금하다
비슬산 산능이 반달같이 뻗어내려
감싸안듯 포옹抱擁하는 형상이지만
아! 여기가 천하의 길지吉地일까나?

* 산멍 : 아무 생각 없이 멍하게 산을 바라보는 것
불멍, 물멍, 산멍 등으로 불린다.

황금색 나무도 심고

카라반 앞뜰에 황금사철,
동서쪽에는 황금측백을 심었다
산과 들 온 천지가 푸른 곳
보색조화補色調和를 위해서

봄과 여름에는 황금사철 잎새가
진한 황금색으로 변하여 시선을 끌고,
가을에 겨울 채비하느라
진 노란색 점차 옅어진다

겨울에는 황금측백 잎이
주위 온도가 낮을수록
황금색이 점점 짙어지고

"저 나무는 어떤 나무인가요?"
지나가는 길손이 간혹 묻는다
황금측백 완전히 진한 황금색이다

마냥 참 예쁘다
이번 겨울에는 황금측백을
내년 봄 여름에는 황금사철을
기대하여 짐짓 응시한다

* 보색조화(補色調和) : 색도 차이를 두어 잘 어울리게 함.

구멍 바위

삼천포 앞바다 구멍 바위
남일대 해수욕장 인접에
긴 코를 늘어뜨린 코끼리 바위,
외지인은 코끼리 바위라 하고
삼천포 사람은 구멍 바위라 일컫는다

해안에 맞닿은 조그마한 야산이
거센 파도에 속살을 내어주고,
살아남은 돌기둥이 힘에 겨운 듯
무거운 야산을 지탱하고 있다

태풍이 지나간 후 돌조각이 떨어지면
파도가 쓸어가고 그 흔적 없으니,
돌기둥의 고통을 알지 못하고
천년만년 우리 곁에 있을 수 없다

* isostasy(아이소스타시 : 지각 평형이론) : 산은 평지로 평지는 산으로 변화한다는 이론, 장구한 세월이 소요되어 그 시점을 예측할 수 없으나 바로 지금인지도 모른다.

비슬산 대견사지琵瑟山 大見寺址

비슬산 정상아래 동쪽으로
길게 펼쳐진 광활한 철쭉군락지
축구장 열 개 면적보다 더 넓다

여기저기 기념 촬영에 정신을 빼앗긴 채
좋은 배경 찾느라 뒷걸음도 친다
남의 카메라 앞에서 부딪치기도
꽃향기에 취해 철쭉 사이 오솔길로 내려가고

내리막길 아래쪽에 품위 있는 바위탑
북쪽으로 조금 기울어진 바위 위에 세워졌지만
안정감 있어 보는 사람도 편안하다
대견사의 옛 석탑과 석굴이 남아있을 뿐
절터만 오롯이 남아있다

신라 흥덕왕 때 창건한 대견사는 관리부실로
두 번 폐사廢寺 되었지만 2014년 3월에
대견사의 옛 모습 100년 만에 되찾았다
당나라 문종이 세숫물에서 보았다는 이 절터

사신을 보내어 신라 땅 곳곳 찾아 발견한 절터
둘째 형님 이름과 같아 형님이 직접 찾은 곳
큰 바위가 이곳저곳 자연스레 방 벽 이루어
높은 산이지만 평지 같은 안락함 찾아온다

울릉도 나리분지

울릉도는 화산火山 섬이다
점성이 높은 용암이 멀리 흐르지 못하고
그 자리에 높이 솟아올라 좁은 면적에
쌓여 성인봉(▲986.5m)을 비롯한
높은 산능이 잇닿아 있다

중앙 화구는 함몰되어 넓은 평지를 이루고
울릉도 밭농사의 주 생산지인 이곳이 나리분지
점성 높은 용암은 균열과 기공氣孔이 적어
빗물의 지하 공급이 어렵다

성인봉과 나리분지에 내린 빗물 땅속으로 스며들어
남쪽 기슭에서 용출하는 수량이 하루 2만 톤 정도로
집수 웅덩이에 길이 15m의 콘크리트 댐 만들어
추산 해안가 발전소로 보내지고
그 물의 힘으로 터빈을 돌려서 전력을 생산한다

1980년까지 울릉도 전력수요를 담당했지만,
지금은 상수원과 생수 공급을 위해서 수력발전의
기능이 점차 줄어들고 있는 형편인데
울릉도라는 섬에 수력발전소가 있는 것만으로도
신비스럽고 경이롭다

헤로도토스가 “이집트는 나일강의 선물이라” 했듯이
울릉도는 나리분지의 선물이다

* 헤로도토스(Herodotus: BC.484~BC.425) : 고대 그리스 역사가

피라칸사스

피라칸사스는 우리말이 없는 상록정원수
카라반 남쪽 경계에 한 줄로 심었다
5월 다발다발 무리 지어 피는 하얀 꽃
청순하고 수줍은 모습에 향기 좋고 예쁘다

잎은 작은 타원형이고 햇빛에 반사되어
윤기 나고 사계절 푸른색을 보이고
꽃은 다발로 뭉쳐 피어 벌 나비가 찾아오면
이꽃 저꽃 꿀 빠느라 분주하다

꽃 지고 나면 꽃진 자리에 열매 맺고
9월 되면 작은 앵두 크기로 자라
시간 흘러 12월이 되면
노란색 열매 빨간색으로 바뀐다

대한 추위 찾아오면 더 진한 빨간색 열매가
찬란한 빛 발하여 지나가는 길손 머물게 한다
잎새도 열매와 함께 스스로 빛을 뿜으니,
예쁜 자태는 눈이 부시게 경이롭다

낙엽청소

카라반 주위에 느티나무, 복자기 단풍,
홍매화, 청매실, 무화과 등 많은 나무를
조경용으로 심었는데,
늦가을 찾아오니 떨어진 낙엽 너무 많아
잔디밭 청소 작업 못내 걱정이다

날을 잡아 장대긴 빗자루로 쓸어 모아
퇴비장으로 옮길 계획을 세워 놓고
청도 장날에 살려고 마음먹은 지 7일째
거센 골바람이 불어와 가지에 남은 낙엽이
우수수 더 많이 떨어져 사방으로 흩날린다

매서운 추위에 거친 바람 소리 윙윙대는 날
창문도 흔들리고 강추위도 매섭고 무서운 날,
창밖을 내다보니 집 주위 온통 흙먼지로
온 세상 가득 덮어 버렸다

집 앞뜰에 흙먼지와 함께 불어 닥친 회오리바람
낙엽 전부를 하늘로 올려버리고,
잠시 후 사라진 낙엽의 빈자리
흔적도 없이 사라져 버린 별천지,
낙엽께옵서 바람 타고 세상 구경 중이다

솜이불

맑게 깨어 구름 한 점 없는 날
바람도 쉬고 있는가?
산새들도 보이지 않고
어제 그렇게도 바람이 거세더니
나른한 오후 산 구름 모여들고
저토록 산들산들 바람도 불고
새들도 자유롭게 날아오르고
전선 줄의 작은 새들도 조잘거린다

구름이 있어야 새들도 활동하는지?
흰 구름 솜이불로 착각하면서
그곳을 쉼터로 생각한 뒤,
여유로움을 위해 에너지 비축하는가?
참 애틋하고도 이상한 조짐이다
산 구름 이불 삼아 따뜻한 곳으로 착각한다

검은 구름 빠르게 움직이고 바람 불면
새들도 집에 숨어 보이지 않는데
하얀 구름 이불, 모성의 품 그리워한다

사랑의 큰 꽃

일곱 남매 건강하게 키워주신 어머니,
자식에게 나누어주신 큰 사랑의 꽃
생각하며 행복한 삶 살아간다

일곱 자식을 키워 아무 변고 없었고
큰형님이 내후년 구순에 막내가 칠순이 되니,
영국 기네스사에도 큰 관심이 쏠릴 듯
어머님의 큰 사랑이 큰 꽃 피었다

우리 곁에 없어도 큰 사랑의 꽃을 생각한다
다른 사람은 눈으로 볼 수 없는 큰 꽃,
우리 형제 눈에 쉽게 보이는 큰 꽃

오늘도 어머님 사랑의 큰 꽃을 본다
바람 불어 추운 날 멀리 선산에 외롭게 계셔도
우리 형제들의 가슴과 눈에서 매일 큰 꽃을
볼 수 있어 너무 행복할 따름이다

* 영국 기네스북 : 영국 기네스 맥주회사에서 매년 세계 최고 기록을 찾아 편집한 책

꽃낭 껄

고향마을 배 고개의 앞들
넓은 잔디밭 가에 아름드리 키 큰 배롱나무
추석이면 배롱나무 빨간 꽃이 만개하고
수십 그루의 나무에 그네 타는 처녀들이다

빨간색 주홍색 노란색 연두색은 바람에 흩날리고,
배롱나무 가지가 수양버들 흔들리듯
다음 차례 기다리는 처녀들이 줄을 섰는데
그네 타는 처녀는 양보에는 관심이 없다

기다리다 지친 아씨들은 널뛰기에 나선다
새끼줄로 여러 번 묶은 볏짚단에 널빤지를 올려
뛰어오를 때는 두 팔 벌려 중심을 잡고
내려올 때는 팔과 다리를 모아 힘껏 착지한다
탐화봉접探花蜂蝶 형형색색 꽃나비가 따로 없다

객지에서 고생하다 추석 명절 고향에 왔다
이곳저곳 옹기종기 둘러앉아 그간의 고생담을
주고받는 총각들은 얘기 중 처녀들에게 힐끔힐끔
시선 돌리면서 바쁜데 점심도 필요 없다
떠나가는 사람보다 오는 이가
더 많아졌으니 그럴 여유로움도 없다

꽃낭 껄!
정겹고 생기가 살아나는 아름다운 곳이다

* 꽃낭 껄 : 꽃이 많아 꽃을 망태기에 쓸어 담을 수 있는 거리. 주머니 망태기 낭(囊), 거리 껄(방언)

양지陽地를 응시하며

청도 카라반 휴식처 건너편에
조홍근 화백 내외가 살고 있다
정원관리와 텃밭 농사일에
온종일 구슬땀 흘리고
망중한을 이용, 작은 화실에서
무채색의 산수화도 그린다

손님 오면 안주인의 전통차 솜씨가
비록 기대 이상 예사롭지 않지만,
장미차, 연꽃차, 우엉차, 옥수수수염차,
둥글레차, 금계국차
즉석에서 꼬마 불에 데워진 따끈한
찻잔을 들고 살아가는 얘기를 이어간다

건너편 햇볕 가득한 산마을이 다가온다
여기는 그늘지고 어둑어둑
양지를 바라보니 마음은 그곳에 가 있는 듯
따뜻하여 포근한 정감情感이다

찻잔 들고 그곳을 바라보니
양지보다 더없이 양지다운 편안함이다

* 조홍근 화백 : 영남 지역 미술협회장
* 카라반 : 청도 각북면에 문경 세계군인체육대회 선수촌 숙소로 활용한 주거용 주택. 손주들과 넓은 잔디밭에서 종일토록 뛰노는 휴식처

한식의 정수精髓를 맛보고

카라반 휴식처 건너편 조홍근 화백의
점심 초대를 받고 찾아갔다
산나물에 야채 나물 상차림을 보니
산사山寺 공양간에서 보살님을 초빙했는지,
절밥에 진수성찬, 생선은 고명이다

수저가 바빠진다
체면아 물렀거라!
밥맛이 넘치고 또 넘친다
접시가 비워진다. 비워지면 채워지고
이 나이에 이렇게 많은 음식을 취하니
나도 놀랐지만, 그간에 줄어든 위가
새삼 놀란 듯하다

집에 와서 아내에게
과거 이력이 궁금하여 물었더니
전통음식 강사로 활동하셨다네
화백님의 건강을 위해서 더욱 매진하여
이제는 더 오를 곳 없을 정도의 수준
잘 먹었습니다. 화백님의 사모님!

푸른 하늘

구름 한 점 없는 푸른 하늘
새들도 없다
비록 바람도 없는 겨울이지만
계절을 잊은 듯,
햇살 따사로워 완전 봄날이다

푸른 하늘 이렇게 깨끗할 수 있을까?
놀라워라. 넓고 높은 하늘 누가 이렇게
깨끗한 푸른색으로 채색彩色했을까?

하늘 푸르러 산 능선도 또렷하다
어렴풋이 산으로만 보이던 형상이
나뭇가지 보일 듯 못내 선명하다

낙엽수는 부드러운 솜털 같고
소나무 푸르름에 더하여 우람하다
깨끗하고 푸른 하늘
인간이 흉내 낼 수 없는 자연의 신비인가?

서향瑞香 내음은 바람을 타고

초등 3학년 그 시절(1960년경)
혼자 집에서 자치기 연습 중인데,
돌담 너머 웬 어른 중얼거린다 "가 보자."
포마드를 발랐는지 좋은 냄새 담 너머까지 날아온다

가르마를 점잖게 탄 어른이 또 중얼거린다
"집에 어른은 없는 것 같은 데 괜찮겠지?"
옆에 일행이 있는 것 같다
"학생! 옆에 있는 그 꽃나무 향기 좀 맡을 수 있겠니?
어느 쪽으로 가면 되나요?"

돌담 따라오면 입구가 있다
중년 남녀가 들어와서 곧장 서향瑞香 나무쪽으로 간다
코를 대고 향기를 맡으며 "아! 향기가 너무 좋다.
바로 이 냄새가 여기까지 안내했구나."
내게는 포마드와 화장 냄새가 더 진하다

서향瑞香 나무 향기 따라 찾아온 것 같다
"학생! 꽃 붙은 나뭇가지 2개 잘라 줄 수 있겠냐?"
"예! 2개 잘라 드리지요." 전지가위로 2개를 잘라
중년 남자에게 전했는데 중년 여자가 가방을 열어
지폐 2장을 나에게 전해준다

자세히 지켜보니 10환짜리 두 장 20환이다
너무 큰 돈이다. 이렇게 큰돈을 가져본 적 없다
안 받으려 돈 내밀었지만 웃으며 그냥 나간다
"학생! 고마워요."
학교에서 단체 영화 관람 입장료가 2환이니 큰돈이다
"서향瑞香 나무 향기 따라 찾아오신 서울 손님! 고맙습니다."

* 서향(瑞香) : 팥꽃 나무과에 속한 상록관목(일명 천리향). 시골집에 심은 서향 나무는 부채꼴로 높이가 1.5m 나무 폭이 2m 정도의 큰 관목으로 유전인자를 잊은 듯 크게 자랐다.
* 포마드 : 머리에 광택을 주고 가르마를 고정하기 위해 바르는 액체

비슬산에 낮달이 걸려있고

마을 앞산에 아침 해 떠오른 만큼
비슬산에 선명한 낮달 걸려있다
해는 점점 떠오르고
달은 점점 가라앉는 양상이다

해는 생명체의 생존에 기여하는 최고의 도우미,
달은 생존 방법을 알게 하는 최고의 안내자다
해는 생물의 성장 도와 에너지 공급하고
달은 문인의 창작 소재로도 빠지지 않는다

해는 지구에서 생존하는 모든 초목의 성장 도와
산소를 공급하고 바닷물을 더 푸르게 하여
우주에서 응시하는 지구의 색 푸른 색조란다

달은 절기에 따라 씨앗 파종 시기와
어선의 출항과 해수의 만조 시기 알려준다
지구에서 가장 가까운 별, 인간에게 가장 친근한 별
밤낮으로 지구 가까이에서 지구인을 돕는다

태초에 해와 달은 지구를 돕기 위해 태어난 듯
오늘도 그 고마움을 되새겨 본다

아! 비슬산 낮달이 산 너머로 저물다
내일 낮달을 기대하면서

황금 호수

삼천포대교가 바라보이는 찻집
동호인 모임에서 마지막 일정으로
한참 헤매다 어렵게 찾아갔던 그곳
손님이 없었던 그 찻집 전세를 낸 듯,

멀리서 여행 온 우리를 위해서
사람들이 자리 양보한 조망 좋은 찻집,
배경 음악은 미리 준비한 클래식 CD로
그렇게 고전음악 해설사의 해설은 시작되고

문득 창밖의 경치는 섬으로 둘러싸인 바다
해설 듣기에 열중하지만 잠깐 바다 바라본다
귀는 해설을 듣고 눈은 바다 주시하는데

환상처럼 들리는 감탄 소리,
"야! 저 바다를 봐! 황금색이야!"
모두 일어나 노을 지는 황금 바다 응시한다
바다는 끝내 황금 융단을 펼친 호수다

황금 호수에 거룻배가 물살을 가르며
빠르게 지나가고,
앞으로 질주하며 휘저은 앞 물결도
지나쳐온 뒤 물결도 온통 황금색이다
전체 호수가 출렁대니 바람결에
황금 융단은 살랑살랑 흔들린다

찻집 뒤 언덕 위에 카메라 거치대가 횡으로
줄을 서서 촬영하는 모습도 빈틈이 없다
데크에 나가 서 있는 회원들의 모습은
혼이 빠져나간 듯 모두의 환호歡呼다

이번 여행은 코스 중에 압권壓卷일뿐더러
황금 바다 호수! 정말 예쁘다! 못내 장관이다!

각산 봉수대에서

삼천포 각산 봉수대에 올랐다
한려수도의 전경全景 발아래 펼쳐지고
점점이 작은 섬들은 조갑지 같아
섬 사이의 바다는 햇빛에 반사되어
은빛으로 온통 황홀경恍惚境이다

은빛 바다 위 부산행 연락선도 지나가고
작은 어선은 멈춘 상태로 어로작업 중인 듯
너무 작게 보여 땅콩 크기로 보인다

삼천포대교는 보기만 해도 참 예쁘다
삼천포–창선–남해를 연결하는 삼천포대교 현수교,
지붕 있는 아치교, 난간 아치교, 철근 콘크리트교,
작은 섬과 조금 큰 섬에 교각을 세워 현대식
상판을 올려 완공한 다리는 감각적이다

교량 합이 5개 교량 건설 신공법의 야외 전시장,
교량건설업체의 신공법 적용 현장 교육 장소
한때는 서울역에서 버스 5대가 매일 방문하여
이론과 실제의 차이 확인 점검 한 곳이다

다리 준공 후, 양 지역의 소득 향상에 공헌해
국회의원 지역구도 통합되고 한 가족이 되었고
멀리 지리산도 아스라이 보이는 정경情景이다
외적 침입을 알리는 봉수대 바로 지척에
병사의 병영도 저렇게 북쪽 사면 깎아내려
적의 시야에 가려져 엄폐掩蔽되어 있다

더없이 아름다운 지역이다
천혜의 자연경관과 더불어 세계 4대 미항으로
일컬어도 끝내 부족함 없으리다

* 엄폐(掩蔽) : 보이지 않도록 숨김, 적의 직사화기로부터 보호받는 장소

* 세계 4대 미항(美港) : 호주 시드니, 브라질 리오데자네이루, 이탈리아 나폴리, 대한민국 사천시 삼천포항

호미곶 가는 길

동호인 모임에서 들뜬 마음으로
호미곶으로 가고 있다
과거 수차 지나간 기억이 있지만
그 당시의 느낌과 한층 더 다르다

푸른 바다와 하얀 파도
잔잔한 바다가 더 넓어진다
멀리 수평선도 더 선명하고
바다 가운데 떠 있는 화물선이
큰 섬보다 더 크게 보인다

뒷산도 까닭 없이 궁금하다
황갈색으로 바뀐 모습 너무 흉하고
조금도 빈틈없이 누런 황갈색으로 변한다
소나무와 은행나무 살아있는 화석인데
마을 공터 절단한 소나무 더미가 산을 이룬다

장구한 세월을 살아남아 문인들의
시구절에도 빠짐없이 등장하고
옛 성인들의 올곧은 절개의 상징
우리 세대에 소나무가 점차 없어진다

소나무 재생을 위한 방법은 단 하나
재선충 유충의 생존 기간이 지난 후
소나무 씨앗과 송홧가루를 섞어
비 온 후 젖은 산에 항공살포가 답이라네
동일 장소에 한번이 아니라 여러 차례 살포하면
재생이 가능할 수 있을 공산公算이 클뿐더러
후손들의 원망 면할 수 있으리라

제 3 부

아득한 정신풍경과 묵언의 응시

전생前生이란

전생前生을 알고 있는 사람이 많다는
기사를 읽은 적이 있다
인도, 티벳, 러시아 등에서 태어났지만
한 번도 가본 적 없는 전생 지역을 알고 있다

취재진에게 마을의 지형 지세, 마을구조,
풍습은 물론 생업 수단까지
거목巨木의 위치와 나무 종류도 알려주고
취재진과 동행하여 현지 탐사 시행한다
자기가 성장한 나라와 멀리 떨어진 타국이지만,
탐방 전에 설명한 내용 대부분 일치하고
심지어 타국의 언어까지 조금은 헤아릴 바다

조금은 놀라운 일이다
과학적이고 체계적인 조사가 필요하지만,
간혹 조사 자체를 거부하고 검증 후에 예상되는
복잡한 후유증에 주저하는 것으로 유추類推되기에,
부활, 윤회, 재탄생에 대한 재론은 종교계 맡긴 뒤
조심스럽고 신중한 결론이다

전생의 일상사日常事를 자연의 순리에 맡기고
전생의 지나친 집착은 생존의 질서를 파괴하고
끝내 삶의 희망마저 앗아가는 탓이리라

참 예쁜 지구

현재 인간이 생존하는 행성行星,
사람이 관측할 수 있는 별은 356,000개
이렇게 많은 별 중의 하나인 지구
우주에서 바라보이는 지구는 옥구슬같이
푸른색을 뿜어내어 앙증맞고 예쁘다

지구와 닮은 별을 아직 찾지는 못했지만
어딘가에 있을 것으로 추측된다
산 강 바다가 있고 셀 수 없을 만큼 많은
동식물이 생존할 수 있는 별

이렇게 아름답고 살기 좋은 지구인데
삶의 편의성에 가려진 욕심 탓에
지구는 멍들고 오염되는 안타까운 정황에서
훼손되는 지구를 애써 모르는 체하며 살고 있다

모두가 생존이 우선임을 분별해도
지나친 이기주의에 사로잡혀 나도 공감한다
해조류는 석화石化 되어 하얗게 변하고
오징어는 해류 따라 북쪽으로 이동하고
소나무는 재선충으로 황갈색으로 변하는 현상이다

푸른색 내뿜는 예쁜 지구가 몸살을 앓고 있기에
지금 늦지 않음을 식별하면 지금 나서야 한다
모두가 미래의 꿈인 후손의 생존을 위해서다

헐티재 가는 길

꼬불꼬불 그 단풍길이다
단양 보발재, 함양 오도재를 닮은 꼬부랑길
청도 헐티재도 뒤지지 않는다

명성 얻지 못하는 까닭은,
올라가는 산세가 높고 수목이 우거져
지나온 길이 보이지 않기 때문이다

꼬불길 숫자도 많고 길이도 비슷하지만
한눈에 바라볼 수 없어 지나온 사람도
관심 없이 지나가니 기억에 남을 수 없다

정상 주차장에 전망대는 없지만 멀리 펼쳐지는
예쁜 경치를 조망할 기대감에 차를 세운다
다른 유명세 꼬불길에 정신 쏟고 있지만
헐티재는 그 같은 정황이 상이하다

장엄한 산세에 허리 안개 두른 크고 작은 산도
보이고 대자연 앞에 경외감이 다가온다
장천하어천하藏天下於天下라는 문구 생각나

사진작가와 문인들이 영감을 받기 위해
자주 방문하는 헐티재!
오늘도 주차 공간이 부족한 현장감이다

* 장천하어천하(藏天下於天下) : 장자대종사(莊子大宗師)에 나오는 시적(詩的) 표현, 장엄하고 경외감을 느끼는 경치. 천하가 천하 속에 있네.

용천사 샘물

헐티재 남쪽 내리막길 끝 지점에
신라 의상대사가 창건했다는
작고 아담한 사찰 용천사湧泉寺가 있다

대웅전이 맞배지붕으로 지어져 조금은
실망스러우나 높이 4m가 넘는 국가지정문화재
영산회상도가 있어 일반인의 관심이 많은 사찰이다

용천사 경내부지에 비슬산 맥반석에서
자연적으로 용출湧出하는 샘泉 있어
용천사湧泉寺라 명명命名했다

물길 동쪽으로 돌려 만인이 음용할 수 있도록
취수장을 지혜롭게 설치했는데
한낮에는 대기하는 줄이 길어진다
오늘도 플라스틱 물병에 두통을 채워가고
채수 끝난 뒤 평소같이 한 모금 목을 축인다

* 영산회상도(靈山會上圖) : 석가모니 설법 장면의 불화(佛畵)

앞산에 햇무리가 걸리고

앞산에 햇무리가 걸려있다
대구 앞산 산그늘이 지척에 다가와 있고
해가 좀 늦게 지면 좋을 듯한데
햇무리 고리 앞산에 반쯤 예쁘게 걸려있다

햇무리가 보이면 비가 온다는 전조라고
옛 어른들의 얘기를 들은 것 같다
내일이 성탄절이기에 화이트 크리스마스를
기대하면 너무 지나친 과욕일까?

예수 그리스도 알기 훨씬 전에 크리스마스
캐럴을 부르며 즐거워했는데
종교인이 아니지만, 화이트 크리스마스를
기대하는 것은 유년의 추억 탓인가?

* 햇무리 : 해의 둘레에 둥글게 나타나는 하얀빛의 테

거실에서 바라본 큰 그림

둘째가 신혼여행에서 귀국하는 날
사돈 내외도 초청했는데,
권하는 좌석에 앉을 생각은 없으시다
"와! 전망이 너무 좋다. 시내 전체가 한눈에 들어오네.
비가 오면 너무 좋겠다."

시내 경관에 별 관심이 없는 나는 그림 설명에 바쁘다
'왼쪽부터 고령 미숭산, 합천 가야산, 구미 금오산
다시 왼쪽 더 멀리 기울어진 삼각산이
지리산으로 추정됩니다.'
군 복무 시절 배운 독도법으로 추적하니 지리산이
확실해지는데 바깥사돈의 한마디
"여객기 조종실에서 보는 경치입니다."
십수 년 세월이 덧없이 흘러 시력은 줄어들어
거실에서 바라본 큰 그림은 관심이 점점 줄어들 따름이다

핑크뮬리도 심어보고

앞뜰 중앙에 하트모양(♥)의 잔디밭 가꾸어
마사 뿌리고 퇴비 주어 정성껏 키우니
주변 잔디보다 더 푸르고 싱싱하다

하트 잔디의 성장 속도가 주변 잔디보다 빠르고
진 푸른색으로 바뀌니 더 돋보여 예쁘고,
방문객이 찾아오면 사진 찍느라 또 바쁘다

세월이 흐르니 또 생각이 달라질까나?
하트 본모습(♥)은 분홍색이니
본래의 색상으로 복원하는 것이 급선무다

종묘 상회에서 80 포트 주문해 잔디밭 사이에
드문드문 그렇게 심었다
핑크뮬리 번식력이 잔디를 앞선다는
종묘사의 스스럼없는 조언이다

이 엄동설한에 하트의 본모습을 상상하면서
내년 봄을 못내 기다리다가
분홍색으로 화장한 하트를 기대한다

홍도화는 시선을 끌고

청도 카라반 오른쪽 언덕의 홍도화,
송이송이 꽃잎 수도 없이 많은데
다발 지어 피어나는 모습 현란한 노적봉이다

이른 봄 아직 새싹 완전히 나오지 않는데
꽃 몽우리 터뜨려 붉은 꽃잎 드러내니,
봉수대 불꽃으로 사방으로 알리고
거대한 노적봉이 활활 타오르는 듯하다

손주들은 홍도화 꽃다발에 관심이 없고
신이 난 흥겨움에 젖어 들어 이리 뛰고
저리 뛰어 달음박질에 숨이 차오른다

꽃 지면 새싹이 여기저기 돋아나고
밑거름 없어도 빠르게 잘 자라는 습성,
줄기는 벼루에 먹을 갈아 붓으로 덧칠한 듯
검은색이 더 진해져 품위를 더한다

왕버들 길

아득한 유년의 초등학교 시절에
학교 가는 길옆은 사행천蛇行川으로
포석정의 술잔 띄우는 물길을 연상할 정도로
물의 흐름이 느린 개울,
동네 학생들이 종이배를 띄워 배와 함께
앞서거니 뒤서거니 경주하며 등교하던 길

아름드리 큰 왕버들이 꼬불꼬불 사행천을 따라
군데군데 심어져 그늘이 두꺼워
오가는 길손 쉬어가는 휴식처가 되었다

콘크리트 포장에 방해된다고 그 예쁜 왕버들은
흔적 없이 모두 사라지고 옛 추억만 쓸쓸히
살아남아 아쉬움만 더 한다

* 사행천(蛇行川) : 물의 유속이 느려 뱀이 기어가듯 꼬불꼬불하게 물이 흐르는 하천
* 포석정(鮑石亭) : 통일신라시대의 왕과 신하들의 연회 장소, 물이 굽이굽이 흐르게 수로를 만들어 흐르는 물에 술잔을 띄워 시문답을 하며 즐기는 장소

상전벽해桑田碧海

고향마을 동쪽 기슭
다랑논이 좁게 길게 펼쳐진 들판이 있는데
높은 산 개울 옆 자연보自然洑에서
물길 내어 경작하는 작은 들

한발에는 수량이 부족해 천수답으로 바뀌는데
본인 소유 경작지가 이곳이 유일한 사람은
온 가족이 양동이와 물장군을 이고 지고 벼잎에
물을 뿌리는데 비 올 때까지 계속되는 곳

혹독한 가뭄 끝에 하늘이 도와 비가 오지만
꼬들꼬들 말라버린 벼잎은 살아날 기미 없이
3년마다 한 번씩 찾아오는 흉년이 또 찾아왔다

애태우던 그곳에 한국항공대학이 들어섰으니
논밭은 건물과 정원으로 바뀌었고
시간 날 때 짬짬이 보행步行했던 정겨운 곳 사라져
옛 정취 찾을 길 마냥 없으니
아, 여기가 상전벽해桑田碧海인가?

* 다랑논 : 비탈진 경사지에 여러 층으로 겹겹이 만든 좁고 굽어진 논
* 자연보(自然洑) : 논에 물을 대기 위해 둑을 쌓아 물을 끌어들이는 곳

꽃무릇

키 큰 풀숲을 헤치고
하얀 꽃대가 무리를 지어
하늘 끝 치솟아 오른다

늦가을 입추가 지났는데
무슨 사연으로 잎새도 없이
찬 바람 불어오는 이 가을에,

산들바람에도
꽃대가 넘어질 듯
흔들흔들 위태롭다

며칠이 그렇게 지나니
꽃 몽우리 터져 붉은 꽃이
수줍은 듯 고개를 내민다

풀밭에 불꽃이 줄지어 보이고
빨갛게 활활 타오르는 횃불로
지나는 길손을 유혹한다

* 꽃무릇 : 수선화과에 여러해살이풀, 개화기는 9~10월이며, 붉은색 꽃을 피운다. 상사화는 여름꽃으로 홍자색으로 꽃 모양은 꽃무릇과 비슷하다. 꽃무릇의 꽃말은 참사랑

꽃잔디

카라반 남쪽 공터에
20년생 외로운 소나무,
전지가위로 2단으로 층을 만들어
예쁜 수형으로 모양이 잡혔다

오가는 손님의 한마디
소나무 그늘이 아깝다는
모두 그 한마디에
돌 동산을 만들어 놓고
명상하고 쉬어보는 쉼터를
만들기로 어려운 결심을 한다

언덕 밑에 팽개친 큰 강돌
밧줄로 묶어 당기고 지렛대로
밀고 뒹굴고 또 뒹굴어서
피라미드 석축 옮기듯
두 달 넘게 땀을 흘린 결과
돌 동산이 생겨났을까?

돌 사이 사이에 꽃잔디 심어보니
이른 봄에 피어나는 꽃동산이
머릿속에 피어나네
또 봄은 언제 오려나

성묘

어떤 기회에 아내와 여동생,
그리고 고종사촌 여동생과 함께
모처럼 부모님의 묘소에 들렸는데
“오늘 바쁠 텐데 어떻게 함께 왔냐?
대요는 살이 빠진 듯하다.”
독백을 흘리듯 말씀하신다

죄송하고 또 죄송합니다
“동기, 재기도 잘 크고 있냐?”
40이 넘었는데 그 당시 모습으로 보시는 듯
걱정하시지 않으셔도 됩니다

계시는 곳은 편안하신가요?
꿈에도 나타나지 않으신 아버지,
아무 표정 없이 보시기만 한다

평소 자식 도리 제대로 못한 놈
꾸짖는 듯 표정이 어둡다
아버지 말씀 듣고 나니 발걸음 한결 가볍다

* 어떤 기회 : 사촌 형님의 장례식날

고대도시 폼페이의 감회感懷

지금은 사라지고 없는 도시
화산 폭발로 일순간에 사라진 도시
이태리 고대도시 폼페이

천지를 집어삼킨 거대한 용암이
20m 두께로 흘러내려
폼페이 전 시가지를 삼켜버렸다

1748년에 발굴은 시작되었는데
후손들을 놀라게 한 것은 당시 상황의
시간이 멈춘 정지된 상태 그대로

부부가 서로 껴안고, 할머니가 손자를 껴안고,
자식이 노부모를 껴안은 모습이 석화되어
마치 석고상같이 발굴되었다

얼마나 무섭고 뜨거웠을까 저어
내가 안아주어 뜨거운 열기를 조금이라도
지연시킬 수 있었을까?

할머니 품에 안긴 손자는 그 뜨거움을
몇 초라도 잊을 수 있었을까?
1700년의 세월이 흐른 후에야 세인들에게
나상裸像으로 당시의 처참함을 알려준다

다뉴브강의 추억

2017년 동유럽 여행지를 다녀오고
그곳의 아름답고 경이로운 경치를
상상하는 것만으로도 행복했다

다뉴브강의 야경을 보기 위해 조그마한
유람선에 가슴 벅찬 기대감에 올랐다
시간대별로 조명을 바꿔 가는 중세풍의
건물들이 강물에 비춰진 상태로 스쳐 가고

너무 황홀하고 신비로운 야경을 촬영하느라
또 그렇게 정신이 없었다
단번에 머릿속에 입력하기에는 뇌의 용량이
더없이 부족할 정도였나니

2019년 저녁 뉴스에 한국인 관광객을 태운
유람선이 세체니 다리 부근에서 큰 배와 충돌하는
사고가 발생했다는 소식을 듣고
2017년 우리가 탑승했던 그 배였거나 유사한
배로 보여 안타까움이 더해만 갔다

이 사고로 한국인 5명이 희생되었고
수색 중에 발견된 할머니와 품에 안긴 손주가
발견되어 우리 모두를 슬프게 했다
할머니의 깊은 사랑이 가슴을 저리게 하네
소천召天하신 분들께 명복을 빕니다

* 다뉴브강 : 헝가리 부다페스트를 관통하여 흐르는 강. 독일에서 발원하여 중부유럽과 남동유럽을 거쳐 흑해로 흘러 들어가는 강. 도나우강, 듀나강으로도 불린다.

세체니 다리

헝가리 다뉴브강에 세워진 세체니 다리
1849년에 완공되었으니
나이가 176년 된 오랜 교각이다

앞뒤로 사자상이 4개가 설치되어
일명 사자다리라고도 하는데
교각 2개에 현수 탑 높게 설치해
교각교와 현수교의 기능 갖춘 아름다운 다리다

세계 2차 대전 때 독일군 전투기 폭격에도
견뎌낸 튼튼한 다리로 유명세다

다뉴브강에 세체니 다리가 없으면
헝가리 찾아오는 관광객의 절반이
감소할 것이라는 통계수치다

강가에 잇닿은 국회의사당, 성당, 고궁에
빛나는 황금빛 조명에 아름다움 배가 되고
헝가리인에 자긍심 안겨주는 이곳,
또다시 찾게 되는 유혹 받게 되나니

* 세체니 다리 : 다뉴브강 8개 다리 중 가장 오래되고 튼튼하고 아름다운 다리로 알려져 있다.

갓바위

팔공산 주 능선이 동쪽으로 뻗어내려
우뚝 멈춰 선 끝자락 전망 좋은 곳
부처님이 머리에 돌갓 올려 앉아 있다

거센 광풍에 눈비 이겨내고
천년세월 가부좌에 동녘 굽어보는
석조여래좌상 부처님

영하의 그 혹한酷寒에도
기단 밑 넓은 터에 수많은 인파人波
저토록 108배 올리느라 여념이 없다

투명한 스님의 목어木魚와 독경에
"대구시 동구 ○○동 홍길동 대학 합격 기원"
참배객의 대부분이 일류 대학 합격을
기원하는 학부모로 보이는데
이곳저곳 참배 자리 찾느라 바쁜 일상이다

백암산 산울림

군에서 제대한 지 50여 년
최전방 백암산 기슭의 철책선
남북 간 대북 대남 방송은
연일 계속되는 모양새다

높은 산에 오르면 산골짜기 전체가
에코(echo) 기능 좋은 스테레오 전축이다
북측 방송은 군가 위주로
우리 측은 인민군을 위무慰撫하는
방송으로 진행되는 정황이다

우리 측 방송 중 멘트의 일부는
“친애하는 인민군 군관 하전사 여러분!
그리고 농장원 여러분 안녕하십니까?
여기는 대한민국 자유의 소리 방송입니다.”

우리 방송은 부드럽고 편하게 들을 수 있는
유행가와 시사 뉴스 위주의 전파인데
북측 방송은 고음에 또박또박 웅변하듯
“위대한 수상이 어쩌고저쩌고” 또 그렇게
우리 방송은 대조적으로 정감이 넘치고

야간에도 남북에서 쏟아내는 스피커 소리에
백암산 주위는 한순간 소음에 시달리고
야간초소 병사의 졸음 방지 효과 있을지라도,
시간 지나치면 자장가로 들리는 조짐이다

* 백암산(1,178m) : 강원도 화천군에 소재한 산
* 에코(echo) : 소리가 어떤 물체에 부딪쳐 되울리도록 하여 극적이고 신비한 분위기를 나타내는 효과음
* 비무장지대 : 남북 간 군사적 대치 구간은 서해에서 동해까지 155마일(248km) 군사분계선이다. 군사분계선에서 2km 남쪽 남방한계선이고 2km 북쪽 북방한계선으로 비무장지대이다. 제주도의 절반이나 민간인 출입제한구역을 포함하면 제주도와 같은 면적이 군사지역이다.

불국사 대웅전 앞에서

뒤돌아보면 3국 통일신라시대,
토함산 서쪽 산록에 지어진 불국사
대웅전 앞에서 바라본 경관은
신라인의 염원이 담긴 소우주다

하늘을 치솟아 오른 다보탑과 석가탑
첨탑尖塔은 신라인의 기상을 보는 듯,
불국정토佛國淨土의 깨끗하고 맑은 세상
번뇌의 굴레도 없는 천상의 세상을 꿈꾸었다

아래쪽에 펼쳐진 골기와 용마루
멀리 낮은 산야는 지평선으로 보이고,
한편 아련히 보이는 높은 산은 푸른 하늘에
빨려들어 시야에서 끝내 사라진다

대웅전 골기와 끝 달린 수막새는 푸른 하늘
너울너울 춤추듯 산수화를 펼쳐내고
대웅전 남쪽 펼쳐지는 선경仙境 일망무제一望無際다
저토록 천지는 두 팔 벌려 포옹하며 안겨 오는데

* 일망무제(一望無際) : 한눈에 바라볼 수 없을 정도로 아득히 멀고 넓어서 끝이 없음.

아침 햇살

12월 31일 갑진년 끝날
아침 창가의 빛은 눈부시고
엄동설한인데 이렇게 포근할 수 없다

무안 참사 그렇게 사흘 흘렀지만
가슴이 못내 안쓰럽고 저리는데
햇살 포근히 감싸안아 주는 듯
가신님의 형상 몽환夢幻인 듯 아득하다

하늘은 또 구름 한 점 없이 푸르고
영혼이 자유로운 바람 잠잠하고
천지는 적막강산寂寞江山에
우주도 가신님을 애도哀悼하는지

마음이란

감정이나 사유思惟가 생겨나는 곳
크기를 가늠하기 어려울 정도로
내가 지닌 마음속 스스럼없이
누구보다 내가 잘 아는 듯하다

마음먹은 대로 자유롭게
상상하고 제어가 가능할 것으로
그렇게 알고 있지만,
나의 마음은 하나 같이 쉽게
뜻대로 되지 않는다는 사실을
까맣게 잊고 살아가고 있다

좋은 마음, 긍정적인 마음은
좋은 방향으로 상승효과를 타고
나쁜 마음 부정적인 마음은
또 잘못된 방향으로 유도하여
나락奈落으로 끝내 밀어 넣는다

오랜 삶의 체험으로 터득한 잠언箴言
나만의 가장 소중한 지식이기에
좌우명으로 늘 함께하고 싶은 충동이다

* 나락(奈落) : 벗어나기 힘든 절망적인 상태로 떨어짐

물水의 은혜로움

물은 지구를 살리고 지구에 살리는
모든 생물을 살리는 귀한 존재로
물이 사라지면 지구의 생명 소멸한다

중요한 사실은 지구에 분포하는 물
즉 바다, 호수, 빙하, 수증기, 구름, 지하수,
그처럼 총량總量은 변함없이 일정하다

태양 빛에 증발된 수증기 대기권에 머물다가
비, 눈, 서리 등으로 다시 지구 표면에 떨어져
모든 생물의 목숨이 유지되는 것이리다

물의 총량 장구한 세월 흘러도 일정하게
유지되는 것은 대형 유리막 지구를 감싸고
있는 것과 같은 효과로 대기권 밖으로
새어나가지 못하는 까닭이다

일례로 러시아 남부 카스피해 우랄 바다 등
심한 가뭄으로 호수와 바다가 소멸할 위기에 처한
볼리비아의 소금 바다 등은 기후 이상으로
강우가 편중된 현상이라는 과학자의 해명이다

원인은 불안한 지구 오염이다
강우가 편중되어 쏟아지면 아마존강이나 낙동강도
언제 사라질지 모르는 자연현상이기에
지구 살리기에 정녕 머뭇거림 없이
일체감一切感을 지닐 일이다

조선 무장 김충선

임진왜란에 왜장으로 참전했던
사무라이 사야가의 생애,
도요토미 히데요시 반대파였으나
평소 유교 사상과 조선의 문물과
제례 문화를 흠모하며 살아왔나니

왜군과의 전투 중 조선군에 투항하여
총기와 화약 제조 기술을 전수하는 등
전투력 향상에 크게 온몸 바쳤다
한편 이괄의 난과 병자호란에 참여하여
연전연승 거두는 큰 전과를 기록하는 등
김충선, 그 이름 역사歷史에 남겼나니

타고난 품성이 강직하고 올곧아
동료의 신뢰도 두터웠는데
동료실수로 패전한 책임으로 참수 직전에
"다음 전투에서 승리하면 죄를 사赦해 달라."라는
김충선의 요구 받아들여 전투에 임한 끝에
적을 궤멸시켜 참수를 면하는 빛나는 전력으로
조선군의 추앙 인물이 된 공과 눈물겹다

김충선의 활약상과 승전보가 조정중신에게
두려움 안겨 끝내 함경도 변방으로 좌천시킨다는
소문에 스스로 변방 근무 좌천하여 이동하였다

광해군 5년(1613년) 66세에 갑옷을 벗고
진주목사인 장춘점의 딸과 결혼하여
대구 우록동友鹿洞에 정착한 후
아, 그렇게 410여 년의 세월 흘렀지

그전에는 소의 굴레라는 우륵牛勒동이였으나
사슴과 벗하며 살아가는 즉 우록동友鹿洞이라
부르게 되어 오늘에 이르고 있다
다소 뒤늦게 일본 NHK 취재진의
"사무라이 사야가의 조선 투항 400년"이란
방영의 다큐를 보고 일본 관광객 줄을 잇는
그 나름의 역동성은 놀라워 비장감이다

* 다큐(documentary) : 기록으로 남길만한 사회적 사건 등을 사실적으로 제작, 구성한 기록영화

* 김충선(金忠善) : 선조는 바다를 건너온 모래를 걸러 금(金)을 얻었다. 김해 김씨 성과 충성스럽고 선하다 하여 충선(忠善)이란 이름을 하사하였다. 아울러 정2품 자헌대부의 품계를 내렸다.

앞산 낙조

갑진년甲辰年 그 마지막 날
황금빛 하늘로 천지를 보듬는가?
지나는 구름을 불러들여
황금색으로 채색彩色하고

대구 산성산 멀리 합천 가야산
구미 금오산의 산 능선까지 한 몸으로
세상을 감싸안듯 황금빛 물들이다

아파트 창유리도 뒤쪽 팔공산도
은혜로움에 답례하듯 노을빛을
함께 받아 햇님께 답례한다

을사년乙巳年 새해를 맞이하는
태양의 은총恩寵인가?
갓바위 관봉 위로 지나는 구름도
엷은 황금 의상으로 자축한다

수성못

이상화 시인의 시작詩作 배경인 수성못
"빼앗긴 들에도 봄은 오는가"의 주무대 수성들
그 수성못이 도시화에 설 땅을 잃었지만,
도시인의 산책 거리로 명성을 얻고
아침이면 허리 휘감는 물안개 피어나
비 오면 크고 작은 동그라미 그리기에 바쁘다

휘감듯이 뒤틀려 하늘을 향한 왕버들
무성한 잎은 부드럽고 예쁘고
물에 비친 왕버들은 동양화의 모델급이다

큰 오리떼 밀어 내는 자잘한 물결은
제집 찾은 청둥오리, 물오리 쫓아내고
큰 오리 저 멀리 멀어지면 물갈퀴 펼쳐
미끄러지듯 사뿐히 내려앉는 경관景觀이다

제 4 부

시인의 소임과 자아성찰

예쁜 단풍

입춘 지나 새싹 돋아
예쁜 자태 뽐내더니,
잠깐 사이 활짝 피어나
윤기가 나는 큰 잎새 자랑하며
바람결에 살랑살랑 춤춘다

입추 후 푸른 잎 윤기와 생기 다 잃어
황금색으로 변신하여
예쁜 자태 그토록 자랑하고,
지나는 길손을 붙잡아 멈추게 한다
카메라 속으로 숨어버린 예쁜 자태가
시야에서 사라지는 아쉬움에 가슴 저며온다

정지된 영상으로 숨어서 지내다가
사람들 추억 속에 다시 살아나
영상 속 주인은 예쁜 잎 떨구니
앙상한 줄기와 가지만 남기고
매서운 추위 어찌 이겨낼지 가슴 아프다

수양 매화

겨우내 허리 굽혀 고개 숙이니
잊었는가 품격 있고 기품 있는 사군자 위상
시절이 하 어지러워 옛 명성 포기했나?

지난밤 봄비가 단잠을 깨우더니
망울망울 맺혀있던 꽃 몽우리
아침 햇살 반가워 미소 띄워 반긴다

처진 가지 다발에 활짝 핀 꽃잎은
바람결에 전신을 맡긴 채
살랑살랑 흔들리고 그네 타며 호령한다

죄지은 중생들아!
저만치 물렀거라!
어사화御史花가 여기 있다

* 어사화(御史花) : 조선시대 문무과에 급제한 사람에게 임금이 하사한 축하 꽃

금강송 묘목

금강송의 아름다움을 재현하기 위해
카라반 뒤뜰에 묘목 6주를 심었다

심은 지 어언 10년째 접어들고
밑줄기 제법 붉은색 보이는데
성장 속도가 일반 소나무보다 빠르다

곧게 수직으로 자라는 습성으로
동년배의 일반 소나무 내려다보고 있다

잎은 하나같이 진 푸른색이라
연푸른색의 일반 소나무와 다른 양상이라면
유전인자가 다른 것이 확실하여
전지가위로 가지 치는 데 힘이 솟는다

울진 금강송만큼 크게 자라려면
300년 이상이 소요될 것이기에
당초에 이 금강송의 최초 이식한 인맥을
확증하려면 서책書册이 필요할 것이다

* 카라반 : 청도 각북면에 문경 세계군인체육대회 선수촌 숙소로 활용한 주거용 주택. 손주들과 넓은 잔디밭에서 종일토록 뛰노는 휴식처

손주 손 꼭 쥐고

손안에 들어찬 꼬막손
작고 앙증맞고 귀엽고 따스하다

이렇게 가냘프고 연약한 손이
언제 자라 험하고 무서운 세상도
버티며 이겨낼까?

따뜻한 뺨도 부드럽고 매끄럽다
포근함이 전신으로 전달되니
비로소 세상 걱정도 사라진다

온실에서 자란 노란 새싹같이
산들바람에도 흔들릴까 걱정되듯
언제 무쇠 같은 강한 청년 되어줄까?

겨울왕국 OST(Let It Go)

둘째 손녀 5살 무렵에
외가 식구와 동해안 여행지 숙소에서
그 또래 꼬맹이들의 노래자랑이 시작되고
둘째 손녀가 혼자 앞에서 Let It Go 불렀지

어린 나이에 가사는 어떻게 외웠는지?
가슴에서 우러나오는 또렷한 음조音調로
입 모양도 그렇게 예쁘게 벌려가며
고음高音 처리에 모두가 황홀경에 빠져
숨죽이며 경청한 뒤 저마다 감탄하였다

지금은 13살에 초등 5학년,
독서에 열중하며 그림도 수준급이나
동급생에 견주어 제일 큰 신장身長 탓에
종종 고등학생으로 착각할 정도다

요즘은 묵언수행默言修行 중인지
주위의 어른과는 일상의 대화도 피하고,
무엇을 물어보면 고개 겨우 끄덕일 정도
집에서도 일체 대화가 없어 못내 걱정이란다

여식女息을 키워본 적 없어 알 수가 없다
아직 초등학생이지만 혹시 사춘기가 아닐까?
Let It Go를 부를 때 보여준 그 예쁜 형상으로
건강하게 자랐으면 이 세상 부러울 것 없으려만,
세상사 못내 자유의지나 내 뜻만은 아니다

불면증 해소법

지금까지 경험한 방법 중에 건강 유지에
반드시 충분한 수면이라 생각하는데
40여 년 동안 행한 자신만의 비법이다

잠자리에 들어서 반드시 눕고,
눈을 감고 자신의 신체 부위를 마음으로 헤아린다
머리→ 이마→ 눈썹→ 눈→ 코→ 코끝→ 인중→ 입술
→ 턱→ 목→ 어깨→ 팔→ 팔꿈치→ 손목→ 손바닥
→ 손가락→ 손가락끝⇒ 탁한 기운이 싸 나간다
또 한편 목→ 가슴→ 명치→ 배→ 배꼽→ 단전
→ 양허리→ 엉덩이→ 허벅지→ 무릎→ 장딴지
→ 발목→ 발등→ 발가락→ 발가락끝
⇒ 탁한 기운이 싸 나간다

다시 또 처음부터 반복하며 점검할 것은,
잠을 제대로 잤는지 아닌지는 뒷날 아침에 확인할 것
이며, 마음속으로 헤아린 것을 몇 차례 했는지를,
매번 2차례 정도에서 잠을 자는데 뒷날 아침에 확인
하고 있다

그 같은 맥락에서, 잠을 잘 자는 사람은 피부색이
빛나고 눈동자에 생기가 흘러넘치고 매사에 자신감이
넘쳐 역동적이다
잠을 잘 자야 판단이 정확하고 세상이 자아를 인정하여
주기에,
끝내 상상력이 풍부해지고 시상詩想 또한 충만할 일이다

* 참고문헌 : 심신수련법(心身修鍊法)

바다

세상에서 가장 낮은 곳에 머물며
인간이 버린 온갖 오염된 물질은
아무 불평 없이 다 받아준 바다

다 받아준다고 그 이름 바다라고 지었는가?
맑은 물, 더러운 물, 온갖 오물을
아무 불평 없이 다 받아준 고마운 바다

2%의 염분이 오염된 바다 정화를 시키듯
인간이 버린 오물을 다 받아주는
폐수 처리장인가?
오물 처리장인가?

장구한 긴 세월 받아주는 바다
중병을 앓아야 할 바다가
진 푸른색에 에메랄드색을 더하여
예쁘기만 한 고마운 처소다
생명의 본원本源인 바다여!
고맙고 또 감사한 모성母性이다

감사의 마음

은혜로움이 나를 감싸고 있다는 사실에
감사한 마음으로 살아가는 삶이다

살아가면서 기대에 미치지 못한 일,
가끔의 실망으로 자신이 미워질 때도
본인이 더 좋은 길을 선택할 때까지
더없이 감사하는 일체감一切感이다

험한 세상을 이기기 위한 내성耐性을
길러주기 위해 잠시 담금질 중이라
그렇게 감사한 마음이다

더 좋은 길을 안내하기 전에
고난 극복의 힘든 극한의 정황에서도
'이겨낼 수 있다'라는 곧은 자신감 지니고
'하늘의 언어'인 감사의 일념으로 살아가리라

나무늘보의 가르침

아프리카 원시림 나무늘보
평지 50m 이동하는 데 온종일 걸리는데
이상한 동물이라 하등동물 중에
최하등이라 멸시당하는 편이다

맹수의 먹잇감으로 제외된 동물
하루의 대부분 나무에 매달려 생활하고
배고프면 나뭇잎과 벌레를 잡아먹으면서
나무에서 먹고 쉬고 잠도 잔다

운동량 부족해도 수명을 20여 년 넘겨
포유동물의 평균수명을 웃도는데,
IMF 금융위기 구조조정 당시 희망퇴직 보상으로
목돈을 지급한다는 소식에 너도나도 너무 빠른
결심으로 하나같이 회사를 떠나갔지만
수십 년을 지나친 후 생계유지에 어려웠던
조급한 결정은 삶의 교시教示로 분별할 바다

미육사 졸업 후 맥아더가 승승장구한 까닭에
진급이 뒤늦은 아이크와의 대조가 불가한 상태,
비록 그 자신은 동료에 견주어 진급이 늦었지만
삶의 비법은 매혹적 친화력의 견고성이다

통계상으로 빠른 진급의 성공 확률은 10%,
늦은 진급은 25%로 2배 이상 높다는 사실은
나무늘보의 일깨움일까?
끝내 아이크는 세계를 움직이는 미국의 국가원수

장고長考 끝 악수惡手

짧은 연륜에 혼자만의 경험
좋은 일은 길게 생각하는 것이 좋고
궂은일은 처음 생각이 좋다는 결론이다

나에게 좋은 일은 남도 좋은 일인 까닭에
깊게 넓게 생각하면 할수록 효과가 증폭되고
자신의 정신건강에도 도움을 줄 수 있다

궂은일로 너무 장시간 고민하면
더 나빠질 경우도 헤아려 시간이 흐를수록
조급함 버려야 조급함에 발목 잡히면,
애당초 계획보다 나쁜 결과로 끝을 맺는다

때로는 고통 중에서도 엔돌핀(endorphin) 증가시켜
다다익선多多益善일 것이나
궂은일은 장고長考 끝에 파멸을 빚어내기에
불평과 증오심은 깊은 사유思惟로
멈추고 끝냄이 건강에도 좋은 결과이다

강릉선교장江陵船橋莊

백두대간 뻗어 내린 소지맥小地脈의 낮은 산자락에
자리 잡은 99칸의 강릉선교장江陵船橋莊은
효령대군 11대손 이내번李乃蕃의 한옥 처소로
국가민속문화재 제5호로 지정된 곳이다

선교장 현판 걸린 큰 대문을 비롯한
12 대문이 보존된 대장원 사유지로
연못을 조성해 정자 활래정活來亭을 짓고
누樓마루를 올려 휴식 공간도 만들었다

정자에서 관망하는 선경은 신선이 부러울 정도
발아래 만개한 연꽃, 멀리 백두대간 산 능선은
사계절 변화 알려주는 제일강산의 운치韻致다

예전에는 경포호를 가로질러 배다리를 이용하여
왕래한 선교장船橋莊의 고증考證이다
흉년이 들면 곳간을 열어 구휼미救恤米를 베풀어
안민보국의 산교육장인 강릉선교장의 내력來歷이다

* 안민보국(安民輔國) : 민심을 어루만져 편히 살게 하여 나라님을 도와 국정을 보살핌

맑은 영혼의 울림과 시간의 궤적軌跡
- 정대요 시인, 개아의 차별성과 삶의 충동감

엄 창 섭(가톨릭관동대 명예교수, 『모던포엠』 주간)

1. 시적 추이推移와 아득한 정신풍경

모름지기 우리의 소중한 삶에 있어 특정한 누군가와의 만남이 운명적임을 오랜 날 역설해온 평자에게 한 해를 열어가는 시간대는 못내 일체감이 새롭다. 모처럼 본질적 고독 앞에서 고뇌하면서도 스스럼없이 그 자신의 시적 변주와 형상화, 그리고 시 의미의 중요성을 그 어느 정신작업의 종사자보다 각별하게 인식하고 있음은 신선한 충격이다. 또 한편 시적 형상화의 추이推移는 소소한 삶의 일탈逸脫에서 시적 서정성을 직접 전달하는 작위作爲로 대상의 형태를 주관적으로 표현하는 시적 변용이 이처럼 회화나 조각의 데포르마시옹déformation과 견주어짐은 헤아릴 점이다.

일단 「맑은 영혼의 울림과 시간의 궤적軌跡 - 정대요 시인, 개아의 차별성과 삶의 충동감」을 전제한 시집의 평설에서 사천시 삼천포 태생으로 한국농어촌공사에서 34년간의 정년을 마친 석청 정대요 시인의 경우에 있어 그 나름의 각별한 고뇌를 통해 새해 벽두 『신문예』로 등단하고, 또 앞서 『장수촌 건강마을』(2005), 『래정만세력』(2014)을 각각 출간한 따뜻한 감성의 소유자다. 까닭에 그 자신이 전제한 시적 변명처럼 '시를 닮은 수필, 수필 닮은 시'에 맞물린 시집 『바람결에 나의 체취體臭 흩날리고』(홍익출판사, 2025)를 묶어 들고 이 시대의 독자 곁으로 성큼 다가온 친밀성은 지극히 다감多感하다. 모처럼 봄 햇살 빛나는 창가에서 첫 시집 『바람결에 나의 체취體臭 흩날리고』의 머리말自序인 「지혜로운 삶의 잠언箴言」에서 "차제에 이 글을 쓰면서 더없이 유의미한 일은 강물처럼 덧없이 흐르는 세월이라 혹여 지워질 듯 사라지는 위기에 처한 옛 추억이나 사념思念마저도 살아있는 기억에 편입시켜, 과거의 나와 현재의 나를 이어주는 계기가 되었음"은 또 하나 따뜻한 감성의 충격衝擊이다.

이처럼 그 자신이 담백하게 읊어낸 시편 〈외돌개〉를 포함하여 살아온 세월만큼의 햇수에 잇닿은 76편의 창조물은 비교적 자연적인 질료와 정한, 그리고 가깝고 먼 여행길에서의 '느낌과 교감'을 푸른 식물성 언어와 따뜻한 감성에 의한 '기억의 책무로서의 자아의 차별성을 지닌 성찰적 형상화이기'에 더없이 시사적示唆的이다. 그 같은 관점에서 시집의 편집 구도는 「머리말自序, 제1부 시적 정감과 따뜻한 영혼의 울림, 제2부 빛나는 차별성과 심미적 개아個我, 제3부 아득한 정신풍경과 묵언의 응시, 제4부 시인의 소임과 자아성찰, 시집 평설」로 잇닿은 결結고운 옷감처럼 직조織造되고 있다. 까닭에 '탑 중허리쯤 키 큰 풀들이 바람에 흔들리며 오가는 사람의 시선視線 사로잡는' 정황 뒤 "진초록의 바닷물 기단基壇으로 버티고/ 육중한 돌탑을 그 위에 쌓아 올렸다/ 석가탑 다보탑은 사람이 만들고/ 외돌개 돌탑은 창조주의 최고 걸작이다.(외돌개)"에서나 그 같은 시적 분위기는 묵언으로 관망할 바다.

또 한편 지정학적으로 '제주에서 유일하게 다량의 계곡 수가 흐르는 곳 돈내코 골짜기 계곡천'을 나직한 선율로 읊조린 "제주에 암반균열이 많아 빗물이/ 땅속으로 스며들기에 대부분 건천으로/ 물 흐르는 개울 보기가 힘들다.(돈내코 골짜기)"의 보기에서나 또는 제주 바다의 일출을 시적으로 형상화한 "하늘과 바다가 자색으로 바뀌니/ 이백의 시구詩句가 다가오는 듯/ "해가 뜨니 향로봉에 자색 안개 어리고(성산 일출봉)"/ 태양이 떠오르니 황금색에서 자색으로/ 바뀌니 포근하고 아름다워라.(성산 일출봉)"는 못내 이채로워 '일조향로생자연日照香爐生紫煙'의 현상으로 변주變奏된다.

그렇다. 간혹 삶의 일상에서 '홍도화 옆 언덕 밑에 만개한 흰 장미 한 송이 절기를 잘못 읽어 착각한 것일까?'라는 의문이 주어질지라도 "정원의 백장미 초하初夏에 몽우리 채 마르고/ 피었다가 시들기 반복하기에 병으로 알았는데,/ 놀라워라, 입동 절기 지난 지 한참 후/ 몽우리 5개 중 하나, 만개하여 신선한 충격이다.(하얀 장미白薔薇)"라는 시적 감응感應은 그 나름의 차별성을 지닌다. 따라서 '존재의 뿌리인 가정'을 기본골격으로 거리감 없는 추이推移는 시편 〈손주 온다는 소식에〉 맞물린 인용한 시편을 애틋한 관심사關心事로 새삼 지켜보지 않을 수 없다.

기차에서 먹으라고 작은 주머니 큰 주머니에/ 할미의 정

성이 가득 담겨/ 작별인사 잊었는지 장난감 확인하기 바쁘다.//

-〈손주의 선물〉에서

위에 인용한 시편인 〈손주의 선물〉의 양상樣相과 함께 '손주 보는 것만으로 손주들의 선물인 듯 생기가 살아난 듯 할미의 미소 가득하다.'라는 시적 모티프를 통해 감지感知되는 따뜻한 가족애家族愛 또한 눈물겹도록 지극정성이다.

각론하고 우리의 뇌리에 깊이 자리매김한 지극히 메르헨Märchen적인 아득한 유년의 수채화水彩畫처럼 '어릴 때 추위는 지금보다 더 추웠다.'라는 기억의 여적餘滴일 것이나 "야! 들 땀 논에 가서 타자"는 제안에/ 들 땀 넓디넓은 물논水畓은 최고의 썰매장/ 먼저 온 아이들이 쌩쌩 달리며/ 나도 빠른 행동으로 준비하여 썰매를 탄다.(썰매를 타고 - 옛 추억)"에서 그 흥취는 더없이 다정다감多情多感함이다.

2. 서정시의 본말本末과 깊은 사유思惟

어디까지나 현대인의 존재론적 불안감이 시 의식과 결부된 「서정시의 본말本末과 깊은 사유思惟」에서 통섭通涉의 길을 모색하는 글 치기의 작업은 흥미롭다. 다소 논의의 초점은 빗겨나지만 냉전 이후의 세계질서에 관해 미래학자로 하버드대학의 정치학 교수 사무엘 헌팅톤Samual. P. Huntington이 '문명충돌의 세기'를 제기하였듯 우리 사회현상은 안타깝게도 혼탁한 시대의 늪에 빠져들고 있다. 까닭에 저마다 삶의 중량감을 확장하기 위해 끊임없이 고뇌하며 생명의 씨앗을 파종하는 그 자신의 충직한 시적 행보行步는 감동의 회복과 맞물려있기에 소홀하게 지나칠 수 없다.

차제에 비록 절망의 끝이 보이지 않는 불투명한 삶의 시간대일지라도, 덴마크의 심리학 교수로 『절제의 기술』의 저자인 스벤 브링크만Svend Brinkmann의 역설에 접근하여 오랜 날의 고뇌 끝에 황혼의 인생길에서 '느림의 시학'으로 낮은 산자락을 만보漫步하며 삶의 여적인 시집을 묶어내는 그 자신의 합리적 해법처럼 시의 본말本末인 순수서정성으로 빚어낸 시적 작위作爲는 일관성을 지니기에 그 존재감이 지극히 빛나고 있다. 그렇다. "작가와 작품은 별개다."라는 신비평의 관점에서 자잘한 즉물적 대상물인 질료에 일체감을 지니고 시적 구도의 특이성에 의미구조를 엄격하게 확증한 '싱싱한 어제 모습을 과거 흔적으로 남긴 채 처음부터 버렸을지 모른다.'라는 의문에 맞물린 "진정眞情한 그 마음 뒤에/ 온몸으로 보답하는 정, 놀라워라.(첫추위)"에서 새삼 기대감이 주어질지라도 "꽃이 지고 홀로 남은 기다란 잎자루에/ 열매 맺어 앙증맞은 그 자태 빛남이다/ 더 길어진 잎자루에 은빛 열매 매어 달고/ 미풍에 흔들리는 공주님 방 은구슬 주렴珠簾(때죽나무)"의 일면에서 '앙증맞은 그 형상의 빛남'은 '은구슬 주렴珠簾'에서 못내 한결 곱고 섬세하게 직조된 결과물이다.

이 같은 맥락에서 상처받은 이 시대 누군가 깊은 영혼의 상처를 치유治癒하려는 그 자신의 지극한 삶의 잠언箴言은, 정신

작업에 종사하는 시인의 몫이기에, '당나라 문종이 세숫물에서 보았다는 대견사의 사찰'을 새삼 기억하며 "내리막길 아래쪽에 품위 있는 바위탑/ 북쪽으로 조금 기울어진 바위 위에 세워졌지만/ 안정감 있어 보는 사람도 편안하다/ 대견사의 옛 석탑과 석굴이 남아있을 뿐/ 절터만 오롯이 남아 있다(비슬산 대견사지琵瑟山 大見寺址)"에서 그 자신의 감회感懷는 또 다른 시편 〈비슬산에 낮달이 걸려 있고〉에 맞물려 더없이 경이로울 따름이다. 차제에 '언어는 생명력을 지닌다.'라는 현대 기호학의 창시자인 앙리 드 소쉬르Henri de Saussure의 지적처럼 생명의 부호이며 소통의 도구에 힘입어 따뜻한 감성에 의한 시적 형상화의 정신작업은 못내 유의미하다. 일단 '소통과 화합으로 표상된 시세계'를 화합과 상생의 연계 선상에서 시적 상상력을 작동시켜 '2%의 염분이 오염된 바다를 정화를 시키듯' 소소한 일상의 삶에서 묻어난 우울, 불안의식을 말끔히 정화淨化를 시킨 소중한 생산적인 결과물이기에 높이 평가해도 지나치지 아니하다. 따라서 그 자신이 일관된 형상으로 풀어낸 '존재의 뿌리인 가정과 가족, 그리고 유럽 여행길이나 탯줄을 묻은 향리鄕里에서의 감회感懷와 느낌의 시적 형상화는 소중한 인연의 잇닿음에 가늠될 따름이다. 까닭에 '서쪽을 향해 앉으면 항시 일몰日沒만 응시할 밖에 없을 것'이나 대조적으로 다소 이국적인 정경이나 정감情感까지 거리감 없이 수용하고 있는 그 자신의 시편 "카라반 남쪽 경계에 한 줄로 심었다/ 5월 다발다발 무리 지어 피는 하얀 꽃/ 청순하고 수줍은 모습에 향기 좋고 예쁘다(피라칸사스)"의 보기에서나 "앞뜰 중앙에 하트모양♥의 잔디밭 가꾸어/ 마사 뿌리고 퇴비 주어 정성껏 키우니/ 주변 잔디보다 더 푸르고 싱싱하다// 하트 잔디의 성장 속도가 주변 잔디보다 빠르고 진 푸른색으로 바뀌니 더 돋보여 예쁘고,(핑크뮬리도 심어보고)"도 결코 예외일 수 없다.

무엇보다 '아무 변고 없이 일곱 자식을 키워낸 이 지상의 가장 위대한 이름! 어머니의 상징성을 '사랑의 큰 꽃'으로 피워낸 그 자신이 "오늘도 어머님의 사랑의 큰 꽃을 본다/ 바람불어 추운 날 멀리 선산에 외롭게 계셔도/ 우리 형제들의 가슴과 눈에서 매일 큰 꽃을/ 볼 수 있어 너무 행복할 따름이다(사랑의 큰 꽃)"라는 시편은 물론이거니와 이 시집에 수록된 시편에서 그 자신이 종종 유년의 기억을 단편적인 미셀러니miscellany의 정감으로 형사形似하고 있는 '초등 3학년 그 시절(1960년경)'에 "서향瑞香나무 향기 따라 찾아온 것 같다/ "학생! 꽃 붙은 나뭇가지 2개 잘라 줄 수 있겠나?"/ "예! 2개 잘라 드리지요, 전지가위로 2개를 잘라/ 중년 남자에게 전했는데 중년 여자가 가방을 열어/ 지폐 2장을 나에게 전해준다(서향瑞香 내음은 바람을 타고)" 또한 다감한 그리움의 원근조망법遠近眺望法으로 클로즈업된다.

그렇다. 가끔 화자話者가 '조금은 놀라운 일이다.'라고 자인하며 "전생前生을 알고 있는 사람이 많다는/ 기사를 읽은 적이 있다/ 인도, 티벳, 러시아 등에서 태어났지만/ 한 번도 가본적 없는 전생 지역을 알고 있다(전생前生이란)"의 일면을 통해 '전생의 일상사日常事를 자연의 순리에 맡기고 전생의 지나친 집착'을 조심스럽게 경계하면서도 다음의 시편에서도 확증되듯 그 자신의 시 의식과 대상을 응시하는 시선은 새삼 무한공간을 향해 열려있음은 다음의 예시에서 입증될 것이다.

> 현재 인간이 생존하는 행성行星,/ 사람이 관측 가능한 별은 356,000개/ 이렇게 많은 별 중의 하나인 지구/ 우주에서 바라보이는 지구는 옥구슬같이/ 푸른색을 뿜어내어 앙증맞고 예쁘다
>
> -〈참 예쁜 지구〉에서

위에 인용한 시편은 일례는 이처럼 놀랍고 다양한 시 세계를 구축을 보여준다.

또 한편 유럽 여행길에 발길 돌려 접한 '지금은 화산폭발로 일순간에 사라진 도시인 이탈리아 고대도시 폼페이'를 나직한 음조로 빚어낸 "부부가 서로 껴안고, 할머니가 손자를 껴안고,/ 자식이 노부모를 껴안은 모습이 석화되어/ 마치 석고상같이 발굴되었다(고대도시 폼페이의 감회感懷)"라는 참혹한 정황은 비장감이 넘쳐날 것이나 이와는 대조적으로 '2017년 동유럽 여행지를 다녀온 뒤에' "또 그렇게 정신이 없었다/ 단번에 머릿속에 입력하기에는 뇌의 용량이/ 더없이 부족할 정도였나니(다뉴브강의 추억)"라는 감회는 못내 다정다감多情多感일 뿐이다. 또 한편 그 자신의 시제와는 지극히 대조적인 정황으로 상이相異한 '아침 창가의 빛은 눈부신' 현상에서 하지만, 지난해 12월 31일 갑진년 끝날 정말 뜻밖의 "무안 참사 그렇게 사흘 흘렀지만/ 가슴이 못내 안쓰럽고 저리는데/ 햇살 포근히 감싸 안아주는 듯/ 가신님의 형상 몽환夢幻인 듯 아득하다(아침 햇살)"라는 통한은 비장감이 왈칵 묻어날 따름이다. 모처럼 그 자신의 빛나는 차

별성을 지닌 구도적 해법은 생생한 일탈逸脫의 삶을 그만의 예술적인 질감과 터치에 의한 정신적 결과물인 연유로, 영국의 평론가 토마스 카라일Thomas Carlyle의 "명확한 목적이 있는 사람은 가장 험난한 길에서도 앞으로 나아간다."라는 긍정적 역설처럼 그 자신의 시적 수용성은 시적 형상화에 의한 건강하고 생산적인 시작詩作의 행위이다. 이처럼 따뜻한 감성에서 발현發現된 '동화assimilation와 투사projection의 혼합적 양상인 탓에 그 자신의 시적 상상력이 창조적 영혼의 교감에 저토록 견주어짐은 지켜보지 않을 수 없다.

3. 자아의 식별력과 관조적 응시凝視

보편적으로 '상징의 숲을 거니는 시인'은 생태주의자 머레이 북친Murray Bookchin의 지적처럼 생태위기를 벗어나려면 인간중심주의의 경계를 먼저 무너트려야 한다. 그처럼 그 자신의 존재감과 차별성은 한층 빛난다. 일단 개념상 담론談論은 '어떤 주제에 관해 체계적인 논의를 뜻하는 언동言動'으로 프랑스의 포스트 구조주의 철학자인 미셸 푸코Paul-Michel Foucault의 『담론의 질서』에 결속하여 '단순한 기호들의 집단이 아닌 사물을 체계적으로 형성하는 사회적 실천의 의미'로 즉 한 권의 책冊은 간접체험을 통한 주지적 세계의 결과물이다. 까닭에 때로는 시의 본질인 서정성이 수용된 대다수 시편은 현대의 불안의식과 감각적 표현 등에 혼돈의 시간대를 걸친 내면 인식의 중량감이 더해지는 경향임은 새삼 분별할 바다. 한편 연유야 어떠하든

사적으로 지금껏 지탱한 그 소중한 '인연의 끈'을 늦출 수 없기에 따뜻한 감성의 소유자로 인생의 황혼기를 만보漫步하며 시 쓰는 작업에 유유자적하며 그 나름으로 새로운 삶을 즐기는 멋스러운 정대요 시인에게 '일상의 안부를 묻는 행위'는 못내 감사하는 심사心事다.

어디까지나 '더불어 함께inter-being'라는 공동체 의식이 절실한 시간대에서, 최소한 예언자적인 '신의 대언자代言者'라면 초조와 갈등을 씻어버리고 주어진 운명을 긍정적으로 이겨내고 시대적 소임을 엄숙하게 수행할 일이다. 차제에 대다수 이들이 즐겨 행하기를 거부하는 힘겨운 일일지라도 갈등과 대립의 인간관계를 회복하는 성숙한 시민으로서 몸소 경계를 허무는 역할을 담당해야 한다. 따라서 '천상엔 별, 지상엔 꽃, 그리고 가슴엔 시라'는 관점에서 그 자신이 '응어리지다 설어버린 울음이 끝도 없는 물음표를 던지는' 삶의 현장에서 존재감으로 버텨내는 끈질긴 생명감은 "쳐진 가지 다발에 활짝 핀 꽃잎은/ 바람결에 전신을 맡긴 채/ 살랑살랑 흔들리고 그네 타며 호령한다(수양 매화)"에서 '감동의 느낌표(!)'로 정제되고 있다. 이같이 삶의 처소에서 현상을 부정하고 해체하는 연계성은 진통의 통로를 걸친 생명력의 당위성에 잇닿는 뼈를 깎는 육화肉化이기에 미의식의 확증은 신선한 감동이다.

특히 '물이 사라지면 지구의 생명 소멸'하는 까닭에 그 자신은 지혜로운 삶의 교시教示로 "언제 사라질지 모르는 자연현상이기에/ 지구 살리기에 정녕 머뭇거림 없이/ 일체감一切感을 지닐 일이다.(물水의 은혜로움)"의 보기처럼 일깨워줌도 그렇거니와 또 한편 '이상화 시인의 시작詩作 배경인 수성못'도 즐겨 시적 질료로 다루며 "제집 찾은 청둥오리, 물오리 쫓아내고/ 큰오리 저 멀리 멀어지면 물갈퀴 펼쳐/ 미끄러지듯 사뿐히 내려앉는 경관景觀이다(수성못)"의 양상처럼 치타슬로Cittaslow의 여유로움으로 인생의 황혼기를 만보漫步로 즐길 일이다. 그렇다. 5살 앳된 둘째 손녀가 여행지 숙소에서 '겨울왕국 OST'를 열창하던 감회感懷도 새롭거니와 "아직 초등학생이지만 혹시 사춘기가 아닐까?/ Let It Go를 부를 때 보여준 그 예쁜 형상으로/ 건강하게 자랐으면 이 세상 부러울 것 없으려만,/ 세상사 못내 자유의지나 내 뜻만은 아니다(겨울왕국 OST(Let It Go))"의 일면을 통해 '존재의 뿌리인 가정'의 소중함은 혈연血緣에 맞물려 다정다감이 묻어나는 추이推移다.

모름지기 그 자신의 삶에서 체득體得한 비법인 〈불면증 해소법〉도 새삼 유념할 점이지만, 이 지상에서 사용되는 유일한 하늘의 언어인 '감사感謝'를 망각하지 아니하고 "가끔의 실망으로 자신이 미워질 때도/ 본인이 더 좋은 길을 선택할 때까지/ 더없이 감사하는 일체감一切感이다(감사한 마음)"라는 지극선至極善한 심성은 못내 '험한 세상을 이기기 위한 내성耐性'의 매개물로 작동하기에 그 존재감은 역동성을 신선한 충격을 안겨주고 있음도 그렇거니와 또 한편 다음에 인용하는 시편에서 짐짓 확증되듯 "아프리카 원시림 나무늘보/ 평지 50m 이동하는 데 온종일 걸리는데/ 이상한 동물이라 하등동물 중에/ 최하등이라 멸시당하는 편이다(나무늘보의 가르침)"에서 '느림의 시학'으로 비롯된 그만의 존재감은 놀라운 삶의 비법이며 해명이다.

까닭에 우연의 일치일지라도 화자persona인 그 자신이 평자가 탯줄을 묻은 백두대간 뻗어내린 소지맥小地脈의 낮은 산자락에 소재한 '효령대군 11대손 이내번李乃蕃의 한옥 처소로 국가 민속문화재 제5호로 지정된 공간'을 시적 이미지로 이같이 형상화한 "예전에는 경포호를 가로질러 배다리를 이용하여/ 왕래한 선교장船橋莊의 고증考證이다/ 흉년이 들면 곳간을 열어 구휼미救恤米를 베풀어/ 안민보국의 산교육장인 강릉선교장의 내력來歷이다(강릉선교장江陵船橋莊)"라는 정황 정리에 느꺼움이 묻어나 삶의 덧없음도 자극함은 끝내 충격적인 매혹魅惑이다.

결론적으로 발상의 전환과 고정인식 깨기에서 인식이 대상을 결정하는 이론은 존재be가 본질이며 절대적이나 신비스러운 형이상학적 신과도 연계 지어 식별할 당위성이 요청된다. 까닭에 응당 정신작업의 종사자라면 동시대의 독자에게도 감동을 충족시킬 일이기에, 비록 창조주가 현상적인 것을 취해 발화發話하지 않더라도 어떤 계시의 낌새마저 시대적인 소임으로 수행하여야 한다. 모쪼록 거리 두기나 낯설기 기법을 반복하지 않아도 특정한 대상의 심상心象이나 존재 구명을 위하여 다각적인 시선으로 대상의 표리表裏도 반복 구도로 끊임없이 검증하되 그 변화양상도 못내 분할 · 통합하며 철저하게 검증할 일이다.

바람결에 나의 체취體臭 흩날리고

- 시를 닮은 수필, 수필 닮은 시 -

인쇄 2025년 2월 15일
발행 2025년 2월 25일

지은이 정 대 요
펴낸이 김 언 경
펴낸곳 홍익출판사

주소 / 대구시 중구 명륜로23길 38-4
전화 / 053)421-6700, 427-3627
팩스 / 053)423-5965
등록번호 / 1987년 11월 26일 제1-107호
E-mail / hongick8821@daum.net

정가 12,000원

ISBN 978-89-7826-316-0 03810